VOCAÇÃO E MISSÃO DE CATEQUISTA

Dados Internacionais de Catalogação na Publicação (CIP)
(Câmara Brasileira do Livro, SP, Brasil)

Vocação e missão de catequista : por que um
  ministério? / Jânison de Sá Santos, Maria
  Aparecida Barboza, organizadores. – Petrópolis, RJ : Vozes, 2022.

Vários autores.
Bibliografia.
ISBN 978-65-5713-570-9

1. Catequese – Igreja Católica 2. Catequistas – Formação 3. Ministério (Igreja Católica) 4. Vocação – Cristianismo I. Santos, Jânison de Sá. II. Barboza, Maria Aparecida.

22-103747   CDD-268.82

Índices para catálogo sistemático:
1. Catequese : Igreja Católica : Cristianismo 268.82
Eliete Marques da Silva – Bibliotecária – CRB-8/9380

Jânison de Sá Santos
Maria Aparecida Barboza
(orgs.)

VOCAÇÃO E MISSÃO DE CATEQUISTA

POR QUE UM MINISTÉRIO?

EDITORA VOZES

Petrópolis

© 2022, Editora Vozes Ltda.
Rua Frei Luís, 100
25689-900 Petrópolis, RJ
www.vozes.com.br
Brasil

Todos os direitos reservados. Nenhuma parte desta obra poderá ser reproduzida ou transmitida por qualquer forma e/ou quaisquer meios (eletrônico ou mecânico, incluindo fotocópia e gravação) ou arquivada em qualquer sistema ou banco de dados sem permissão escrita da editora.

CONSELHO EDITORIAL

Diretor
Gilberto Gonçalves Garcia

Editores
Aline dos Santos Carneiro
Edrian Josué Pasini
Marilac Loraine Oleniki
Welder Lancieri Marchini

Conselheiros
Francisco Morás
Ludovico Garmus
Teobaldo Heidemann
Volney J. Berkenbrock

Secretário executivo
Leonardo A.R.T. dos Santos

_____

Diagramação: Victor Mauricio Bello
Revisão gráfica: Editora Vozes
Capa: Érico Lebedenco

ISBN 978-65-5713-570-9

Este livro foi composto e impresso pela Editora Vozes Ltda.

Sumário

Siglas, 7

Apresentação, 9

Introdução, 13

CAPÍTULO 1
O Ministério de Catequista e a Iniciação à Vida Cristã: profecia, terapia e liturgia, 17

Pe. Abimar Oliveira de Moraes

CAPÍTULO 2
Comunidade cristã, lugar dos ministérios, 27

Jânison de Sá Santos e Leandro Francisco Pagnussat

CAPÍTULO 3
Um ministério que nasce do coração da Palavra de Deus, 35

Pe. Décio José Walker e Maria Aparecida Barboza

CAPÍTULO 4
A teologia dos ministérios laicais: do Concílio Vaticano II à Constituição Apostólica *Antiquum Ministerium*, 45

Dom Antonio Luiz Catelan Ferreira

CAPÍTULO 5
Educar e celebrar a fé: ritos e ministério laical do catequista a serviço da Iniciação à Vida Cristã, 53

Pe. Patrick Brandão

CAPÍTULO 6

Como será a formação dos que serão instituídos no Ministério Laical de Catequista?, 63

Ir. Sueli da Cruz Pereira

CAPÍTULO 7

Os ministérios leigos para uma Igreja em saída, 73

Pe. Patriky Samuel Batista

Conclusão, 81

Para refletir, 85

Referências, 89

Siglas

AA – Decreto *Apostolicam Actuositatem* sobre o Apostolado dos leigos

AG – Decreto *Ad Gentes* sobre a atividade missionária da Igreja

AL – Exortação Apostólica pós-sinodal *Amoris Lætitia* sobre o amor na família

AM – Carta Apostólica *Antiquum Ministerium* pela qual se institui o Ministério de Catequista

AT – Antigo Testamento

CD – Decreto *Christus Dominus* sobre o múnus pastoral dos bispos na Igreja

ChL – Exortação Apostólica pós-sinodal *Christifideles Laici* sobre vocação e missão dos leigos na Igreja e no mundo

CIgC – Catecismo da Igreja Católica

CNBB, Doc. 100 – Documentos da CNBB 100 – Comunidade de Comunidades: Uma Nova Paróquia

CNBB, Doc. 107 – Documentos da CNBB 107 – Iniciação à Vida Cristã: itinerário para formar discípulos missionários

CNBB, Est. 59 – Estudos da CNBB 59 – Formação de catequistas: Critérios pastorais

CT – Exortação Apostólica *Catechesi Tradendae* sobre a catequese do nosso tempo

DAp – Documento de Aparecida

DC – Diretório para a Catequese 2020

DCE – Carta Encíclica *Deus Caritas Est* sobre o amor cristão

DGC – Diretório Geral para a Catequese 1997

DNC – Diretório Nacional de Catequese

DV – Constituição Dogmática *Dei Verbum* sobre a Revelação Divina

DV – Constituição Dogmática *Dei Verbum* sobre a Revelação Divina

EG – Exortação Apostólica *Evangelii Gaudium* sobre o anúncio do Evangelho no mundo atual

EN – Exortação Apostólica *Evangelii Nuntiandi* sobre a evangelização no mundo contemporâneo

Gex – Exortação Apostólica *Gaudete et Exsultate* sobre a chamada à santidade no mundo atual

GS – Constituição pastoral *Gaudium et Spes* sobre a Igreja no mundo atual

IVC – Iniciação à Vida Cristã

LG – Constituição Dogmática *Lumen Gentium* sobre a Igreja

NMI – Carta Apostólica *Novo Millennio Ineunte* no termo do grande jubileu do ano 2000

PB – Decreto *Presbyterorum Ordinis* sobre o ministério e a vida dos presbíteros

PO – Presbyterorum Ordinis

RICA – Ritual de Iniciação Cristã de Adultos

SC – Constituição Conciliar *Sacrosanctum Concilium* sobre a Sagrada Liturgia

UR – Decreto *Unitatis Redintegratio* sobre o Ecumenismo

VG – Constituição Apostólica *Veritatis Gaudium* sobre as universidades e as faculdades eclesiásticas

Apresentação

Está em suas mãos uma obra organizada pelo Pe. Jânison de Sá Santos e pela Ir. Maria Aparecida Barboza. Os organizadores tiveram a iniciativa e a intuição em aprofundar os fundamentos bíblicos, teológicos e pastorais do tema sobre o Ministério de Catequista e, com isso, oferecer para as diversas comunidades espalhadas em nosso querido e imenso Brasil, um livro com fundamentos sólidos para essa reflexão. Esta obra, uma vez em suas mãos, pode ser estudada em grupo ou de forma individual. Os organizadores tiveram a colaboração de coautores na elaboração dos capítulos que, por sua vez, buscaram, cada qual, em suas áreas afins, oferecer diversos elementos para o estudo e aprofundamento desse serviço eclesial, enriquecendo profundamente a reflexão catequética em nosso país.

Nossa Igreja tem insistido em falar de uma catequese que não pode ser vista só como um cursinho que prepara para a recepção dos sacramentos. Hoje voltamos a falar mais sobre Iniciação à Vida Cristã, que é um processo que prepara cada pessoa para se sentir parte ativa da Igreja. Isso exige uma formação integral, que constrói a pessoa por inteiro e não é só um conhecimento intelectual da doutrina. Este livro aborda vários aspectos dessa questão refletindo sobre a catequese como um ministério que ilustra a identidade da Igreja, que vai ser vivida pelos catequistas e catequizandos, que se sentem ao mesmo tempo em conjunto acolhidos e construtores da comunidade, animados por uma vocação de construir uma vida melhor, do jeito que Jesus ensinou.

O ministério é um serviço oficial que a Igreja entrega a catequistas bem preparados tanto no conhecimento como no testemunho de vida que serão chamados a oferecer. Fica claro que, embora se exija uma preparação inicial bem feita, o processo não se encerra com uma "formatura", trata-se de um caminho permanente de crescimento, de participação, de vivência (dentro e fora da comunidade), de comunhão fraterna, de testemunho comunicativo da fé.

Cada capítulo vai abordar mais intensamente um aspecto dessa missão. Vale a pena refletir sobre o que vamos ler, não apenas para crescer no conhecimento, mas também para olhar melhor nossa própria vida, percebendo que, ao sermos catequistas, educamos outros na fé mas, igualmente, crescemos na caminhada com Jesus e na capacidade de contribuir para colocar em ação os valores do Reino de Deus.

Gostaria de destacar alguns tópicos que serão tratados nesta obra:

O ministério catequético vai ser exercido por leigos (que são a maioria na Igreja, mas não são só um tipo de "plateia"). É bom refletir sobre essa situação especial. Leigos são gente do mundo no coração da Igreja e gente da Igreja no coração do mundo. São uma ponte que aproxima os dois lados, ajudando a fazer a necessária integração entre fé e vida, com sua presença no ambiente eclesial, pessoal e social. Pense no benefício que um bom exercício desse ministério pode trazer tanto para o mundo como para a Igreja.

Aprendemos que, pelo Batismo, mesmo sendo leigos, recebemos uma especial missão a ser vivida de três maneiras simbolicamente apresentadas: a) como profetas (anunciadores do bem que Deus quer ver entre nós e denunciadores do mal que contraria o projeto divino); b) como sacerdotes (santificando com anúncio do Evangelho e bons exemplos de vida os ambientes em que vivemos); c) como reis (exercendo nosso poder transformador onde tivermos possibilidade para construir o bem). Olhe a sua vida e veja como isso pode ser feito.

Precisamos de um crescimento constante na fé. Quatro elementos ajudam a viver isso sempre mais intensamente: a intimidade com a Palavra de Deus (alimentada pela leitura constante e orante da Bíblia); saber perceber a presença de Jesus e o que Ele nos comunica através dos fatos da nossa vida; a liturgia bem vivida; a solidariedade que nos aproxima dos irmãos (e nos faz viver a pastoral do jeito como a Igreja pede). Ao ler, aqui, cada capítulo, lembre como isso pode ser trabalhado na catequese e na sua vida pessoal.

A missão do catequista inclui acompanhar e ser acompanhado, ensinar e aprender, ser ouvido e saber ouvir. É mais do que uma função; é uma mudança de estilo de vida; é saber ser comunidade.

Hoje se fala bastante numa "Igreja em saída". Isso pode nos fazer pensar naquela frase final da missa: "Vamos em paz e que o Senhor nos acompanhe".

Não saímos da missa nos despedindo de Jesus, mas o levamos conosco para perceber e entregar sua mensagem em cada situação que vivemos.

Cada capítulo deve ser trabalhado com os catequistas e com a comunidade, bem explicado numa linguagem adequada a cada grupo, ouvindo o que eles têm a dizer e mostrando o que pode ser feito em cada comunidade para que o ministério da catequese seja bem vivido.

Tendo a catequese como um ministério oficialmente instituído, é fundamental que cada catequista conheça, compreenda e acompanhe o que a Igreja diz, o que faz parte da sua identidade, porque em nome dela vai falar e com seu comportamento vai apresentar o que significa a missão que a ela foi confiada.

Desejamos a todos uma boa leitura, acompanhada de uma motivadora reflexão pessoal, e agradecemos muito a Deus pela vocação de cada ministro da catequese que, unido à comunidade, se torna capaz de levar adiante o projeto de Jesus, amando a Deus e aos irmãos, crescendo sempre na fé e estimulando a construção de um mundo cada vez melhor. Agradecemos aos organizadores e a cada um dos coautores por nos brindarem com mais esse material para o nosso processo formativo em nossas comunidades eclesiais missionárias.

Therezinha Motta Lima da Cruz

Introdução

A Igreja no Brasil tem crescido na compreensão e na prática bíblico-catequética nos últimos 60 anos. Percebe-se com alegria o grande número de leigos e leigas que atuam na catequese com inspiração catecumenal. Na grande maioria são mulheres que realizam essa missão na gratuidade e sempre com muita disponibilidade no serviço de transmitir a fé aos adultos, jovens adolescentes e crianças em prol da evangelização e vivência do Evangelho de Jesus Cristo.

A história recente da catequese tem mostrado a grande variedade de iniciativas suscitadas pelo Espírito Santo. Basta lembrar os esforços de implantar o Concílio Vaticano II para a nossa realidade, os inúmeros trabalhos realizados nas diferentes partes do nosso país, em que veio a culminar com a elaboração, aprovação e publicação do Documento Catequese Renovada (CR), orientações e conteúdo.

A partir de 1983, com este precioso Documento (CR), acontece uma mudança radical na compreensão e busca de realizar uma catequese bíblica, comunitária, vivencial, celebrativa, cristocêntrica e transformadora. Uma verdadeira mudança de paradigma, passa-se de uma catequese nos moldes da escola com características fortemente doutrinais para uma catequese centrada na pessoa de Jesus Cristo, bíblica, litúrgica, vivencial e com forte sensibilidade para a realidade concreta das pessoas.

Em 1997, com a publicação do Diretório Geral para a Catequese e, posteriormente, o Diretório Nacional de Catequese (2005), que tentou inculturar o documento da Igreja universal para a nossa realidade, tem-se luzes importantes: a inspiração catecumenal para todas as formas de catequese, os aspectos importantes da pedagogia e da metodologia e o surgimento da ideia do ministério instituído de catequista. Queremos lembrar aqui as grandes intuições do catequeta Luiz Alves de Lima, que impulsionou e insistiu na necessidade do ministério instituído de catequista. Em 2007 a CNBB publicou o estudo 95 sobre o Ministério de Catequista. Contou com a colaboração do GREBICAT e do teólogo Pe. Antônio José de Almeida. Esse estudo motivou algumas dioceses para que pudessem instituir catequistas ministros.

Esse longo caminho percorrido pela catequese em nosso país fez com que acolhêssemos com alegria o *Motu Proprio Antiquum Ministerium* do Papa Francisco. Exultamos de alegria com esta decisão e temos consciência das mudanças que poderão ocorrer em nossa catequese a serviço da Iniciação à Vida Cristã com inspiração catecumenal. Estamos buscando novos caminhos e melhor compreensão para este novo tempo na missão dos educadores da fé.

O texto que ora é apresentado, quer ajudar catequistas, seminaristas, religiosos/as, presbíteros e demais interessados a conhecer melhor a reflexão sobre o ministério instituído de catequista. Contamos com a colaboração de diversos autores que trazem uma vasta experiência e riqueza nas reflexões. Na organização dos capítulos tentou-se seguir a metodologia já conhecida: *Contemplar* (1° e 2° capítulos), *Discernir* (3°, 4° e 5° capítulos) e *Propor* (6° e 7° capítulos).

No primeiro capítulo, intitulado *O Ministério de Catequista e a Iniciação à Vida Cristã: profecia, terapia e liturgia*, o autor faz uma reflexão partindo do Concílio Vaticano II, ressaltando a importância do novo paradigma da Iniciação à Vida Cristã e, consequentemente, para a concretização do ministério instituído de catequista.

Com o título *A comunidade cristã, lugar dos ministérios*, o segundo capítulo propõe uma reflexão que retoma a compreensão de comunidade apresentada pelo Concílio Vaticano II estabelecendo um diálogo com o Diretório para a Catequese. A partir disso, se oferece elementos concretos para o exercício do ministério em comunidade e sua íntima relação entre o Ministério de Catequista e a comunidade cristã.

O terceiro capítulo, *Um ministério que nasce do coração da Palavra de Deus*, nos apresenta os fundamentos bíblicos do Ministério de Catequista. O objetivo central desse capítulo é ampliar e contribuir na reflexão de que a Palavra de Deus, fonte da catequese, está na base desse ministério tão necessário para a ação evangelizadora de nosso tempo e, sobretudo, para os processos de educação da fé.

Com um percurso que vai do Concílio ao *Motu Proprio Antiquum Ministerium*, o quarto capítulo, intitulado *A teologia dos ministérios laicais: do Concílio Vaticano II ao Motu Proprio Antiquum Ministerium*, quer situar a instituição do Ministério de Catequista dentro da perspectiva da recepção do Concílio Vaticano II. Para isso, temas como a eclesiologia e a teologia do laicato são fundamentos importantes abordados para o aprofundamento do tema em questão.

No quinto capítulo, *Educar e celebrar a fé: ritos e ministério laical do catequista a serviço da Iniciação à Vida Cristã*, nos é apresentado o Ministério de Catequista em perspectiva litúrgica. Para isso, o autor resgata as reflexões já presentes no RICA em vista de uma Igreja ministerial em saída.

Com a finalidade de oferecer elementos concretos para a organização do processo formativo, o sexto capítulo, *Como será a formação dos que serão instituídos no Ministério Laical de Catequista?*, apresenta propostas de formação daqueles que serão instituídos no Ministério de Catequista. As reflexões no presente capítulo são elaboradas a partir das orientações oferecidas pela Conferência Nacional dos Bispos.

Por fim, o último capítulo, *Os ministérios leigos para uma Igreja em saída*, reflete que o ministério recebido está em função da evangelização. O Ministério de Catequista está em função do serviço da Igreja no mundo cuja finalidade última é o Reino de Deus. Na dinâmica de uma Igreja em saída, o catequista que assume esse ministério deve estar consciente da sua condição missionária, ou seja, é um ministério para o serviço.

Os diversos autores trazem uma importante contribuição para a catequese no Brasil e para a teologia dos ministérios laicais, principalmente o ministério instituído de catequista. Um ministério que não é poder, destaque, visibilidade, imposição sobre os outros, mas um serviço precioso e indispensável na comunidade eclesial missionária.

No final da conclusão desta obra, o leitor encontrará algumas indicações de como melhor aproveitar as reflexões propostas nos capítulos. Cada um dos capítulos poderá ser refletido e aprofundado a partir de sete questões, seja em pequenos grupos ou individualmente.

Jânison de Sá Santos
Maria Aparecida Barboza

CAPÍTULO 1

Pe. Abimar Oliveira de Moraes[1]

O MINISTÉRIO DE CATEQUISTA E A INICIAÇÃO À VIDA CRISTÃ: PROFECIA, TERAPIA E LITURGIA

---

[1] Doutor em Teologia Pastoral e Catequética pela Università Pontificia Salesiana, de Roma, professor adjunto 2 no Departamento de Teologia da PUC-Rio e presidente do Conselho Diretor da Associação Nacional de Pós-graduação em Teologia e Ciências da Religião (ANPTECRE). Membro da Sociedade Brasileira de Catequetas (SBCat), da Sociedad Latinoamericana de Catequetas (SCALA) e do Grupo de Reflexão Bíblico-Catequético da CNBB (GREBICAT).

INTRODUÇÃO

É preciso reconhecer que a teologia dos ministérios, no campo da catequese, desenvolveu-se identificando os bispos como os catequistas em sentido pleno, enquanto a eles é confiada a missão de anunciar com autoridade e autenticidade a Palavra de Deus (cf. *CD*, n. 13). O Vaticano II afirmou, também, que os párocos e os presbíteros auxiliares, ao participarem do múnus profético do bispo, são seus colaboradores em quase todas as tarefas episcopais, incluída a "instrução catequética", pois são "educadores na fé" (*CD*, n. 30; *PO*, n. 6).

Entretanto, aos párocos, o Concílio dá a seguinte recomendação, no campo da catequese: "procurem não só o auxílio de religiosos, mas igualmente a cooperação de leigos" (*CD*, n. 30). Assim, os textos do Vaticano II revelam um processo (iniciado antes do próprio Concílio) que vai gradualmente reconhecendo que, juntamente com os ministros ordenados, as leigas e os leigos são colaboradores na catequese (cf. *AA*, n. 17 e 24; *LG*, n. 41; *AG*, n. 15).

Concretamente, com Paulo VI, desencadeia-se uma renovação pastoral graças à nova visão conciliar relativa aos temas correlatos à catequese: Palavra de Deus, Liturgia, Igreja *ad intra* e *ad extra* (em suas relações com o cenário contemporâneo). Em diversos momentos do seu Pontificado, ele vai considerando que o serviço da Palavra é qualificado como um ministério que pode ser exercido por leigos e leigas (cf. *EN*, n. 73). Assim, publica, em 1972, a *Ministeria Quaedam*, admitindo que os ministérios de leitor e acólito podem ser confiados a leigos (varões), e considerando, portanto, tais ministérios como não reservados aos candidatos ao Sacramento da Ordem.

No Sínodo de 1977, explicitamente se aborda a questão da institucionalização do Ministério de Catequista. O processo sinodal deseja melhor qualificar o seu estatuto, precisar a sua fisionomia e compreender seu lugar na ministerialidade eclesial. Não houve, contudo, concordância entre os padres sinodais, fazendo com que João Paulo II, em 1979, reconhecesse a sua importância, mas não como ministério instituído (cf. *CT*, n. 13, 66, 68 e 71).

Seguindo com seriedade todo esse debate no Brasil, a CNBB fez uma caminhada dupla, mas complementar, em seus principais documentos[2] e nos diversos estudos sobre a identidade e formação dos catequistas[3]. Tal caminhada acabou por: 1) reconhecer o ministério "de fato", que, não obstante a inexistência de uma investidura, na nossa prática pastoral, apresenta-se como consistente e constante serviço público realizado em nome da Igreja; e 2) propor o ministério instituído, em especial no Diretório Nacional de Catequese (cf. DNC, n. 245) e nos Estudos 95 – Ministério de Catequista.

---

[2] O tema aparece na Catequese Renovada, no Diretório Nacional de Catequese, no Documento 107.

[3] A este respeito cf. os *Estudos da CNBB*: 59, 82, 91, 94, 95 e 97.

No pontificado de Bento XVI, o debate sobre o ministério instituído do catequista volta novamente a ser acentuado. Com a criação do Pontifício Conselho para a Promoção da Nova Evangelização, em 2013, a catequese deixa de ser competência da Congregação para o Clero. Gradualmente aumentam as sinalizações de que o Pontifício Conselho estaria para publicar um novo Diretório para a Catequese e que, juntamente com este Diretório, a instituição do ministério poderia ser proposta.

Em 2018, a realização do II Congresso Internacional de Catequese, promovido pelo Pontifício Conselho, aumentou ainda mais a expectativa de que, no Diretório para a Catequese, que estava na iminência de ser publicado, o ministério leigo do catequista pudesse vir a ser instituído.

Finalmente, em 2020, o *Diretório para a Catequese* (cf. DC, n. 123) é publicado. Ele reafirma, contudo, literalmente o que já havia sido dito no Diretório Geral para a Catequese de 1997: "a importância do ministério da catequese, todavia, aconselha que, na diocese, exista um certo número de religiosos e de leigos estável e generosamente dedicado à catequese, reconhecidos publicamente" (DGC, n. 231). Portanto, não institui o Ministério de Catequista.

Pouco tempo depois, contudo, no dia 10 de maio de 2021, o Papa Francisco publica o *Motu Proprio Antiquum Ministerium* (*AM*), conferindo ao generoso serviço realizado por tantas irmãs leigas e irmãos leigos, a qualificação de ministério instituído. Tal fato, apresentou-se, portanto, como uma grata surpresa.

O *Motu Proprio* é breve e contém onze números. A estrutura que proponho para esse precioso documento se divide em quatro temáticas: a) elementos neotestamentários de fundamentação (cf. *AM*, n. 1-2); b) breve base histórica (cf. *AM*, n. 3); c); aspectos da evolução ministerial pós-conciliar (cf. *AM*, n. 4-8b); e d) disposições para a instituição ministerial (cf. *AM*, n. 8c-11).

Ao longo do texto, o papa afirma que a história da evangelização desses dois milênios contou com a eficaz missão dos catequistas. Um incontável número de leigos e leigas que tomou parte, diretamente, na difusão do Evangelho através da catequese (cf. *AM*, n. 3). Mas, é preciso reconhecer que, do ponto de vista catequético, ele não nos apresenta uma reflexão teológico-pastoral acerca das especificidades e contribuições do ministério que será instituído.

Embora o Diretório para a Catequese nao nos apresente o Ministério de Catequista como um ministério instituído, existem duas indicações que gostaríamos que funcionassem como pano de fundo das reflexões que estamos propondo no presente capítulo.

A primeira delas é que "toda a comunidade cristã é responsável pelo ministério de catequese" (DC, n. 111). Assim, "o catequista pertence a uma comunidade cristã e dela é expressão. Seu serviço é vivido dentro de uma comunidade que é o primeiro sujeito de acompanhamento na fé" (DC, n. 111).

A segunda indicação afirma que "o catequista é um cristão que recebe o chamado particular de Deus que, acolhido na fé, o capacita ao serviço da transmissão da fé e à missão de iniciar à vida cristã" (DC, n. 112). Desse modo, o *Diretório* afirma que o catequista é testemunha da fé, guardião da memória de Deus, mestre, mistagogo, acompanhador e educador (DC, n. 113). Sua fisionomia, portanto, é densa e riquíssima.

O que pretendemos neste capítulo não é aprofundar cada uma dessas dimensões apresentadas no *Diretório*, mas, sim, tendo-as presentes no horizonte de nossa reflexão, recordar a renovação da comunidade eclesial como uma das mais importantes funções da Iniciação à Vida Cristã e indicar três funções que o ministério instituído do catequista é chamado a exercer: profética, terapêutica e litúrgica.

1. A PROPOSTA DE INICIAÇÃO À VIDA CRISTÃ DA CNBB

Nos últimos anos, o tema da Iniciação à Vida Cristã ganhou uma importância muito grande no cenário pastoral brasileiro. Reflexões e ações vêm sendo produzidas, fazendo-nos perceber que nos encontramos num momento de belíssima fecundidade.

Em 2017, a CNBB já destacava que "desde 2011 a Iniciação à Vida Cristã está presente em nossas Diretrizes Gerais como uma das nossas urgências pastorais. [...] Isso revela [...] o propósito de buscar novos caminhos pastorais" (CNBB, Doc. 107, n .7). Em sua 55ª Assembleia Geral, a Iniciação à Vida Cristã foi proposta, pela Conferência Episcopal, como paradigma que aglutinava as demais urgências na ação evangelizadora (CNBB, Doc. 107, n. 64-69).

A proposta da CNBB tem como referência o Documento de Aparecida quando afirma que: "uma comunidade que assume a iniciação cristã renova sua vida comunitária e desperta seu caráter missionário. Isso requer novas atitudes pastorais por parte dos bispos, presbíteros, diáconos, pessoas consagradas e agentes de pastoral" (DAp, n. 291).

Vemos, assim, que o objetivo da Iniciação à Vida Cristã não é tanto oferecer a oportunidade da experiência sacramental aos interlocutores, mas, sim, propor um caminho de renovação eclesial para um novo modo de edificar a comunidade eclesial. Assim:

> Assumir essa iniciação cristã exige não só uma renovação de modalidade catequética da paróquia. Propomos que o processo catequético de [...] iniciação cristã seja assumido [...] como a maneira ordinária e indispensável de introdução na vida cristã e como a catequese básica e fundamental (DAp, n. 294).

A Iniciação à Vida Cristã foi definida como um caminho progressivo, por meio de etapas, de ritos e de ensinamentos, que visam realizar uma transformação *religiosa* e *social* do iniciado, mas também uma transformação da comunidade eclesial. Ao dedicar-se à Iniciação à Vida Cristã, a comunidade percorre gradualmente um caminho que é feito, conjuntamente, de conhecimento (*lex credendi*), de experiência (*lex vivendi*) e de louvor (*lex orandi*) da/à misericórdia de Deus, do/ao seu amor fiel e tenaz. Ela se torna o espaço do fazer-se próximo da pessoa humana, fazendo com que cada interlocutor possa ser capaz de perceber os sinais da presença de Deus, em sua história concreta.

Num momento de crise, de profundas mudanças, mediante o paradigma da Iniciação à Vida Cristã, a CNBB convida nossas comunidades eclesiais missionárias a distanciarem-se da acomodação e a responder a esse novo desafio: o Evangelho não mudou, mas mudaram os interlocutores.

O que está mudando são os valores, os modelos, as alegrias e as esperanças, as tristezas e angústias dos homens e mulheres de nosso tempo. Cada comunidade eclesial, assim, é convidada a sair, a escutar, a servir, assumindo um movimento de transformação missionária que tem incidência sobre as suas estruturas internas e ações na sociedade.

Desse modo, o objetivo da Iniciação à Vida Cristã é desenvolver um processo de formação cristã discipular, que renove a comunidade eclesial e suscite missionários e missionárias que testemunhem sua fé na sociedade. Há necessidade de envolver a comunidade inteira no processo da Iniciação à Vida Cristã e na formação continuada dos fiéis.

A Iniciação à Vida Cristã não é uma pastoral, mas eixo central e unificador de toda ação evangelizadora e pastoral. Consequentemente, ela terá profunda incidência sobre o modo como a comunidade eclesial compreenderá seu ser e seu agir. Dentro desse cenário, o ministério instituído de catequista pode aportar algumas contribuições a uma comunidade eclesial que se dedica à Iniciação à Vida Cristã.

2. CONTRIBUIÇÕES DO MINISTÉRIO DE CATEQUISTA

Como ministro instituído pela comunidade eclesial, o catequista está particularmente convidado a empenhar-se na edificação e consolidação das opções evangelizadoras que a comunidade faz. A instituição do ministério reforça, ainda mais, que "ser catequista" é sempre um dom do Espírito Santo:

> O catequista é chamado, antes de mais nada, a exprimir a sua competência no serviço pastoral da transmissão da fé que se desenvolve nas suas diferentes etapas: desde o primeiro anúncio que introduz no querigma, passando pela instrução que torna conscientes da vida nova em Cristo e prepara de modo particular para os sacramentos da Iniciação Cristã, até à formação permanente (*AM*, n. 6).

Trata-se de uma vocação radicada no seu batismo, com uma específica atuação em nome e em prol da comunidade eclesial. A argumentação da *Antiquum Ministerium* vai na direção de reconhecer que o catequista não age "em nome próprio", mas é enviado pela Igreja, adquirindo particular importância a referência constante existente entre sua tarefa individual e o serviço à comunidade.

Desse modo, uma primeira contribuição que podemos propor é a participação nas deliberações e decisões da vida eclesial. Como ministro instituído, o catequista é chamado a colaborar, partindo da específica e fundamental responsabilidade que tem no projeto de Iniciação à Vida Cristã comunitário, no discernimento acerca das melhores e mais adequadas práticas que a comunidade eclesial é chamada a assumir.

Em virtude de seu caráter ministerial, o catequista coopera para que os demais ministérios e, em especial, o ministério ordenado, pensem os processos de Iniciação à Vida Cristã como itinerários capazes de fazer com que os interlocutores professem sua fé, articulando-a com as distintas presenças e ações que desempenham na sociedade. Tarefa de toda comunidade eclesial é fomentar uma presença cristã qualificada na sociedade (cf. *ChL*, n. 23).

Compreendendo, assim, o seu papel, o catequista buscará evitar que seu exercício ministerial esteja circunscrito à profissão de fé nos espaços internos à comunidade eclesial, contribuindo positivamente para que a comunidade eclesial se enriqueça seja quando busca traduzir a fé nos espaços sociais, seja quando assume para si os valores dos demais grupos sociais com os quais entra em diálogo.

A atenção à formação de discípulos e discípulas missionários, mediante os processos de Iniciação à Vida Cristã pensados pela comunidade eclesial, permite que o Ministério de Catequista seja pensado em vista da criação e consolidação da opinião pública de inspiração cristã.

De fato, é preciso recuperar a incidência da fé cristã no tecido social, que hoje está marcado por uma pluralidade de opiniões e notícias. Algumas dessas opiniões, embora tendo escassos fundamentos, acabam por condicionar o sentido e estilo de vida de muitas pessoas, exigindo que a comunidade eclesial se comprometa em criar opinião pública sobre assuntos tão sérios como o matrimônio, a vida afetiva, a situação sociopolítica e a salvaguarda da "casa comum".

Como ministro instituído, o catequista põe-se a serviço de uma informação autêntica e crítica sobre a vida da própria Igreja, atualizando a doutrina e o modo de vida cristão. Em nome da comunidade, o catequista, nos processos iniciáticos, assegura uma exposição razoável e antropologicamente fundada das opções que a tradição cristã, em matéria de fé e costumes, foi fazendo, oferecendo aos interlocutores elementos críticos para valorar sobre o que acontece em nossos dias atuais. Isso faria com que o catequista realizasse um autêntico "ministério profético", em linha com o profetismo de Jesus, que deve ser perpetuado no agir da Igreja.

No atual contexto cultural, diversas pessoas se sentem divididas internamente, marcadas por certa "esquizofrenia", causada, em parte, pela fluidez permanente sob a qual a civilização atual se move e pela influência do complexo sentimento de culpabilidade, que tantas tradições religiosas penitenciais acabam por propor.

Tal sentimento de culpa não provém da consciência de um determinado ato, mas, apresenta-se como uma espécie de impressão geral, um sentimento confuso de dívida, de não ser o que se devia, de não haver cumprido as próprias tarefas, um sentimento que faz com que a comunidade eclesial se apresente como opressora.

Tudo isso, trouxe consigo a necessidade de eliminar tal sentimento de culpa de nossas culturas e, consequentemente, a "igreja opressora". Em muitas dessas culturas, à medida que aumenta o bem-estar material, aumenta o mal-estar psicológico. Algumas pessoas viram seus problemas materiais diminuírem, mas, muitas vezes em proporção maior, viram aumentar os seus problemas interiores. Uma atmosfera de insatisfação se estabeleceu em virtude da falta de sentido da vida, falta de identidade pessoal, ausência de valores pelos quais valha à pena dedicar a existência. Para libertar-se de tais problemas, muitas pessoas lançam mão dos psicofármacos e buscam um novo renascer religioso.

Nesse contexto, os processos iniciáticos da comunidade eclesial são procurados, fazendo com que o catequista seja capaz de exercer uma autêntica "função terapêutica" de abrir horizontes, indicar orientação e sentido. Os processos de Iniciação à Vida Cristã, assim, estariam não tanto a serviço da experiência do perdão dos pecados, mas da libertação desse mal-estar interior provocado pela falta de sentido da vida, dos valores. Desse modo, o catequista tem como função oferecer seu apoio, sem deixar, contudo, quando necessário, de indicar aos interlocutores serem acompanhados por psicólogos, psiquiatras, assistentes sociais.

O catequista instituído, que age em nome da comunidade eclesial, buscará exercitar a empatia a fim de ser capaz de se sintonizar com a situação anímica do interlocutor, sabendo ser solidário com seus sentimentos e oferecendo uma palavra de fé oportuna no momento adequado.

Por fim, é importante recordar que todo processo de Iniciação à Vida Cristã tem seu momento cume na celebração litúrgica. O desenvolvimento da celebração e a participação ativa na mesma supõe e exige a presença de múltiplos serviços e ministérios. Todos os ministérios, a seu modo, fazem parte da vida litúrgica de uma comunidade eclesial e são a visibilização dos diversos serviços que ela exerce e que transcendem o espaço litúrgico.

A liturgia precisa visibilizar a riqueza ministerial porque, em sua existência concreta, a comunidade eclesial é rica de ministérios e serviços. Essa é uma das grandes riquezas litúrgicas da comunidade eclesial, que precisa ficar evidenciada ao longo dos processos de Iniciação à Vida Cristã. A formação litúrgica não só se destina ao específico exercício litúrgico, mas expressa a dimensão comunitária que a vida cristã encerra. Por esse motivo, o Vaticano II afirmou que "a liturgia é simultaneamente a meta para a qual se encaminha a ação da Igreja e a fonte de onde promana toda a sua força" (*SC*, n. 10).

Nesse sentido, o Ministério de Catequista é uma das expressões iminentes do serviço que a comunidade eclesial desempenha. Em seu exercício litúrgico, o catequista dá sinais evidentes de seu empenho na edificação da comunidade. Todo o seu ministério deriva do alimentar-se contínuo à "mesa da palavra". A "mesa da palavra" nutre sua missão comunitária e seu serviço de caridade.

Consequentemente, como ministro instituído, o catequista é chamado a continuar o santo serviço que desempenha na liturgia e nas ações posteriores que realiza a favor da comunidade eclesial. Como autêntico liturgo, o catequista empenha-se em capacitar, mediante os processos de Iniciação à Vida Cristã, outros liturgos, fazendo com que em suas celebrações litúrgicas, sobretudo na Eucaristia, a comunidade eclesial expresse a riqueza de sua vida e a variedade de seus serviços, ministérios e vocações.

Em sua "função litúrgica", o catequista capacita os novos orantes, a fim de que, cada um deles, seja capaz de levar para o espaço cultual os problemas, as inquietudes, as situações, as interrogações. Na liturgia, eles encontrarão as luzes que, ao longo da semana, iluminarão o exercício de seus compromissos e responsabilidades. Dessa maneira, a comunidade eclesial ora com a consciência permanente de sua realidade concreta, fazendo com que a celebração litúrgica fortaleça o seu empenho e labor evangelizador de cada dia; detectando as lacunas e as novas necessidades; atualizando permanentemente a consciência de sua atividade missionária; suscitando o surgimento de novos agentes de pastoral nos diferentes campos de trabalho; fazendo crescer a sinodalidade e a consciência de que a comunhão e a complementariedade das distintas vocações configurem o Santo Corpo do Senhor, Sacramento de sua presença, reunido na Virtude do Pai, mediante a entrega por amor do Filho que se atualiza em cada liturgia.

CONCLUSÃO

Buscamos destacar que a instituição do Ministério de Catequista é fruto de um longo processo de reformulação teológico-pastoral, do qual o Concílio Vaticano II torna-se, necessariamente, o ponto de referência imprescindível. De fato, o Concílio ofereceu ao processo pastoral sucessivo uma diversidade de justificativas no campo eclesiológico, litúrgico, missionário, evangelizador e, especificamente, catequético que nos permitem chegar ao momento no qual nos encontramos: celebrando as primeiras instituições e atuações de ministras e ministros leigos da catequese.

Especificamente, a Igreja Católica no Brasil, gradualmente, assistiu e contribuiu para um processo em que a condição laical se diversifica de forma concreta numa multiplicidade admirável de ministérios e serviços. Tal diversidade e riqueza de ministérios e serviços laicais devem ser entendidas, não em antagonismo com os ministérios ordenados, mas como uma fonte inesgotável de enriquecimento e renovação para a Igreja e seu serviço ao mundo.

O Ministério Laical de Catequista amplia, ainda mais, a riqueza de serviços que a Igreja Católica é convidada a prestar ao mundo. Em especial, propusemos que o Ministério de Catequista, na prática, exerça três funções de fundamental importância quando uma comunidade eclesial se dedica à Iniciação à Vida Cristã em nossos dias: profecia, terapia e liturgia.

CAPÍTULO 2

Jânison de Sá Santos[4]
Leandro Francisco Pagnussat[5]

COMUNIDADE CRISTÃ, LUGAR DOS MINISTÉRIOS

---

[4] Jânison de Sá Santos é presbítero da Diocese de Propriá-SE. Assessor da Comissão Bíblico-Catequética da CNBB Nacional (07/2003-12/2007), membro da Sociedade Brasileira de Catequetas (SBCat), membro da Sociedade dos Catequetas Latino-Americanos (SCALA). Mestrado (1998) e doutorado (2011) em Teologia com concentração em Catequética, pela Universidade Pontifícia Salesiana de Roma. Membro do grupo de especialistas em catequese do Celam (2011-2019). Membro do grupo de Reflexão Bíblico-Catequética da CNBB (GREBICAT). Também lecionou no curso de Pós-graduação em Pedagogia Catequética na PUC Goiás (2011-2017). Foi convidado pelo Pontifício Conselho para a Nova Evangelização para colaborar na revisão do Diretório Geral para a Catequese (2016). Publicou artigos em revistas e colaborou na produção de alguns textos da Comissão Bíblico-Catequética Nacional. Pós-Doc. na Pontifícia Universidade Católica do Rio de Janeiro. Atualmente é assessor da Comissão Episcopal Pastoral para a Animação Bíblico-Catequética Nacional (2019-).

[5] Leandro Francisco Pagnussat é presbítero da Diocese de Goiás-GO. Coordenou o curso de Pós-graduação em Pedagogia Catequética da Diocese de Goiás em parceria com a CNBB e com a PUC Goiânia (2014-2018). Possui Pós-graduação em Aconselhamento Pastoral e Formação Humana, IATES (2012). Pós-graduação em Pedagogia Catequética, PUC-GO (2014). Pós-graduação em Pedagogia Bíblica: Animação Bíblica da Pastoral, PUC-GO (2016). Mestre em Catequese pela Universidade Pontifícia Salesiana de Roma. Doutorando em Catequese pela mesma Universidade.

INTRODUÇÃO

As notáveis transformações na esfera do campo digital dos últimos anos, aos poucos, foram provocando no homem e na mulher de nosso tempo uma evidente mudança de comportamento e influenciando a sua forma de conceber o mundo e as relações. Evidente que o mundo digital não é a única razão, mas apresenta uma séria e profunda influência no modo de estabelecer relacionamentos e parâmetros. Atento a esta realidade presente, o Papa Francisco está promovendo, em toda a Igreja, uma nova maneira de compreender a tarefa da catequese e, a partir disso, repensar a sua finalidade para a realidade atual de mundo e de Igreja dentro do contexto da evangelização missionária a fim de proporcionar um maior testemunho dos batizados em suas comunidades.

A partir dessa compreensão da tarefa da catequese, há que se debruçar sobre dois aspectos importantes: primeiro, a pessoa do catequista que assume um valor particular dentro desse contexto; o que requer a necessidade urgente de uma adequada revisão sobre a identidade do catequista. Isto é, de ser capaz de reconhecer-se como educador da fé que, por meio de sua vivência, motiva seus interlocutores no desejo de realizar uma profunda experiência e encontro com a Pessoa de Jesus Cristo. Isso implica repensar os itinerários formativos que constituem sua vocação e missão. Segundo, intimamente relacionado ao primeiro, redescobrir e aprofundar a identidade e a missão da comunidade cristã, a qual é formadora de novos ministérios e espaço para o seu pleno exercício.

Refletir sobre a comunidade cristã como o *lugar dos ministérios*, implica um retorno fecundo às origens nas quais a comunidade cristã primitiva, fiel à Palavra de Jesus, desenvolveu ao longo da sua caminhada um ministério que se concretizou na proclamação da Palavra e na obediência ao Espírito Santo cuja finalidade está a edificação da Igreja no desejo de tornar o Reino presente no mundo conforme expressa o *Motu Proprio Antiquum Ministerium* (cf. *AM*, n. 2).

1. IDENTIDADE DA COMUNIDADE CRISTÃ

Para compreender a comunidade cristã como lugar dos ministérios, é importante retomar o que o Concílio Vaticano II propôs através da Constituição Dogmática *Lumen Gentium* (*LG*) ao resgatar a compreensão e o modelo de Igreja/comunidade nas origens do cristianismo. Dentro dessa perspectiva, a Igreja é concebida como sacramento de Cristo (cf. *LG*, n.1), Corpo de Cristo, realidade visível e espiritual e povo de Deus (cf. *LG, n.* 7-8). Ao apresentar a Igreja sob cada um desses aspectos, o Concílio, além de evidenciar sua identidade, também estabelece sua tarefa: é povo messiânico que, pelo batismo, participa do sacerdócio comum de Cristo, recebeu dons e carismas (cf. *LG*, n. 9-12) e é povo missionário (cf. *LG*, n. 17).

Casiano Floristán (1926-2006), teólogo espanhol, ao definir as características do movimento comunitário primitivo, afirma que as comunidades cristãs nascentes apresentam uma estrutura doméstica que está alicerçada na dinâmica da *casa* (*oikos* em grego). De fato, os primeiros cristãos, sem que lhes fossem permitido expressar a fé publicamante e sem terem um *lugar* para o encontro e o exercício da fé cristã, aceitaram e assumiram a casa como estrutura-base para a formação das primeiras comunidades. Dessa forma, a comunidade cristã primitiva era uma *comunidade doméstica*, que tinha por caraterística principal a capacidade de compartilhar a mesma fé, a prática da comunhão fraterna e a missão comum com o exercício de um ministério compartilhado[6].

Ao regatar essa concepção, o Concílio estabeleceu, através da *LG* no número 12, duas características para expressar o termo povo de Deus: na primeira, está o sacerdócio comum dos fiéis; na segunda, está o fato de ser um povo *profético* que participa da missão profética de Cristo com duas dimensões específicas: pelo *testemunho* (no exercício da vida de fé e caridade) e pelo *culto* (na vida e nos sacramentos). A primeira está relacionada com a dimensão profética, isto é, a presença e a forma de ser e estar do cristão no mundo; a segunda, em relação aos ministérios e carismas.

Todos os batizados participam da missão eclesial da Igreja pela ação do Espírito Santo que "não se limita a santificar e a dirigir o povo de Deus por meio dos sacramentos e dos ministérios" (*LG*, n. 12), com a finalidade do serviço à Igreja. Nesse sentido, os carismas concedidos pela ação do Espírito habilitam o batizado para um serviço ministerial. Destaca-se, desse modo, que a finalidade principal do ministério está voltada para promover a comunidade cristã.

O Concílio Vaticano II retoma o ideal de comunidade baseada na comunhão fraterna (*koinonia*), pois é nela que acontecem as relações mais próximas possibilitando o aprendizado e a experiência da fé. Dessa forma, o Concílio definiu o modelo de evangelização da Igreja a partir de três funções (ministérios) que o povo de Deus recebeu de Cristo: a sacerdotal (cf. *LG*, n. 34), a profética (cf. *LG*, n. 35) e a real (cf. *LG*, n. 36). Essas funções, aspectos da missão da Igreja, são expressos nas mais variadas formas, entre

---

[6] FLORISTÁN, C. *Comunità*. In: FLORISTÁN, C. & TAMAYO, J.J. (a cura di). *Concetti Fondamentali del Cristianesimo 1*. Roma: Borla, 1998, p. 209-213.

outras, na caridade, na celebração, na pregação e na catequese. Em relação aos leigos e leigas, que participam da missão salvífica da Igreja através dos sacramentos de iniciação (Batismo, Confirmação e Eucaristia), os quais são chamados a colaborar em comunidade, nunca fora dela (cf. *LG*, n. 33). Desse modo, podemos delinear uma primeira definição de comunidade cristã como o lugar dos batizados para o exercício da comunhão.

2. COMUNIDADE CRISTÃ: LUGAR DO EXERCÍCIO DOS MINISTÉRIOS

O Papa Francisco, na continuidade da reflexão apresentada pelo Concílio, faz-nos recordar, através da Exortação Apostólica *Evangelii Gaudium* (*EG*), que a tarefa missionária da Igreja é aquela de ser uma comunidade de batizados que se colocam a serviço do Evangelho para testemunhar o amor de Deus e colaborar com a transformação do mundo (cf. *EG*, n. 24). Esta finalidade, evidenciada por Francisco, traz a necessidade de aprofundar a dimensão ministerial, tanto na perspectiva da teologia quanto na perspectiva da prática pastoral em favor da evangelização, porque o "complexo mundo atual exige novos serviços e ministérios" (DAp, n. 174).

O ato de evangelizar no mundo presente constitui para a Igreja duas características específicas do seu ser: sua própria vocação e sua identidade (cf. *EN*, n. 14). Desse modo, evangelizar é proclamar a Boa-nova a toda a humanidade. Isso, de maneira mais direta, significa *humanizar* o mundo a partir do projeto anunciado por Jesus Cristo, propor a fé Nele e, ainda, motivar para colaborar com a missão da Igreja nesse anúncio (cf. *EN*, n. 18). É uma "missão" que tem necessidade de ministérios específicos, com carismas e competências próprios.

Como vimos anteriormente, o Concílio amplia o sentido de ministério a partir da dimensão batismal em cada pessoa. Dentro da dinâmica missionária da Igreja, pode-se falar dos diversos graus de responsabilidade por parte dos batizados no exercício da sua missão. De fato, os ministérios não são concedidos individualmente a cada pessoa, embora dependam da vocação de cada indivíduo e da sua abertura ao Espírito. Eles pertencem à comunidade cristã que a reconhece segundo a sua necessidade para o serviço ao Reino de Deus em diferentes situações e contextos.

Ministério tem a ver com vocação. A Constituição Pastoral *Gaudium et Spes* (*GS*) proclamou "a sublime vocação do homem, afirmando que nele está depositado um germe divino" (*GS*, n. 3). Em razão disso, refletiu-se sobre a vocação humana e o seu valor central na história cristã. Segundo a *GS*, "a razão mais sublime da dignidade do homem consiste na sua vocação à união com Deus" (*GS*, n. 19). Compreende-se assim, que o termo *vocação* diz respeito ao todo da existência humana e de cada ser humano. Se essa expressão está em relação à existência, tem notoriamente relação com a *experiência* de cada pessoa e sua disposição em colabrorar com o Espírito Santo na missão da Igreja. A vocação humana e cristã de todos os batizados não existe sem a *coparticipação* do Espírito Santo que habita no coração da Igreja e no coração de cada batizado (cf. *LG*, n. 4). Todo e qualquer ministério, inclusive o do catequista, tem um profundo caráter vocacional (cf. *AM,* n. 8).

Para tanto, no centro da experiência vocacional cristã, está a experiência da graça (*charis*), que assumida em cada pessoa se torna dom (*charisma*) doado pelo Espírito de maneira pessoal (cf. 1Cor 12,11), mas que encontra seu sentido pleno quando está a serviço da comunidade cristã. Os diversos ministérios que a constituem, entre eles, o Ministério de Catequista, são expressão de uma vocação assumida e integrada na comunidade cristã pela via do batismo. No qual cada pessoa se torna *sujeito* no próprio lugar onde cultiva e vive sua fé.

Se o fundamento da comunidade cristã é a comunhão fraterna que nasce da Trindade (cf. CNBB, Doc. 100, n. 154), temos como seu elemento fundante a dimensão relacional das pessoas entre si. Ela, a comunidade, gerada pela Palavra missionária e pela ação do Espírito do Ressuscitado, também é geradora. Se na sua dinâmica central está o ato de *gerar*, do seu seio devem nascer os diversos ministérios que contribuem para que a mensagem evangélica de Jesus seja comunicada ao mundo. Assim, a comunidade cristã é o sujeito primordial do ministério pastoral. A única capaz de realizar plenamente a missão de Jesus Cristo e, por isso, lugar para desenvolver os ministérios. Nesse sentido, a comunidade cristã é o lugar para educar os dons e ministérios, e fazê-los crescer no coração e na vida de cada batizado com o auxílio do Espírito. Ela é pela sua identidade missionária, geradora de ministérios a serviço de todos (cf. *AG*, n. 6). É ministerial por vocação, origem, essência e finalidade, porque traz na sua maneira de estar no mundo o sinal da diaconia (cf. *LG*, n. 10-12) inspirada em Jesus (cf. Jo 13). A compreensão de ministério a partir da comunidade cristã deve ser essencialmente assumida como *serviço*.

3. OS MINISTÉRIOS ECLESIAIS EM PERSPECTIVA CATEQUÉTICA

Ao assumir a compreensão de ministério como serviço, faz-se necessário aprofundar esse tema unido à dinâmica da comunidade cristã em uma perspectiva catequética que, no qual, apresenta duas compreensões: a primeira, a catequese deve ser concebida como um caminho *processual* que tem a Trindade como fundamento para alcançar a *maturidade da fé* em cada batizado (cf. DGC, n. 143). Na segunda, os batizados, uma vez que assumem os mais variados ministérios em suas respectivas comunidades, possuem a necessidade de serem *educados* e *acompanhados* em seus hábitos para o bom desempenho dos mesmos (cf. *EN*, n. 44; DGC, n. 86a). O Ministério de Catequista, visto sob esse contexto, deve estar inserido dentro de uma progressiva formação das *habilidades*, ou seja, *do saber fazer repensando e elaborando caminhos* para o seu bom desempenho, de modo que o batizado seja capaz de desenvolver além da identidade que o ministério lhe solicita, tendo a oportunidade de aprofundar sua própria vocação batismal como colaborador do Espírito.

Apresentamos na sequência alguns objetivos que precisam ser cultivados pelos catequistas em vista do seu ministério. Para exercê-los com afinco, impõe-se a necessidade de treino e aprendizado em comunidade.

a) *Tornar visível a realidade da Igreja* (cf. *LG*, n. 8): aquele que exerce um ministério na comunidade cristã, e sobretudo o catequista que exerce o Ministério da Palavra por excelência (cf. DCG, n. 17), não fala por si só. Sua palavra é a Palavra da Igreja que, por sua vez, comunica a Mensagem da Palavra de Deus presente nas Sagradas Escrituras. Por isso, o Diretório para a Catequese (DC) define que o catequista é guardião da memória de Deus (cf. DC, n. 139). Sendo assim, com a sua palavra e seu testemunho, ele comunica a realidade da Igreja que é comunhão. Exercer o Ministério de Catequista é tornar *visível* a comunhão trinitária na sua realidade cotidiana.

b) *Cultivar a vocação batismal*: requer que o catequista, que assume o seu ministério, dê a sua resposta à *con-vocação* realizada por Deus. Esta resposta é sua manifestação de sua vocação cristã que só pode ser desenvolvida dentro de uma dinâmica comunitária de aprendizado da Escuta da Palavra e das relações fraternas, ou seja, a comunidade cristã é compreendida como a comunidade dos convocados. Nessa *con-vocação*, Deus quer "santificar e salvar os homens, não singularmente, sem nenhuma conexão uns com os outros, mas formando com eles um povo" (*LG*, n. 9).

c) *Educar na vida comunitária e na comunhão*: a pessoa que exerce um determinado ministério na comunidade cristã é chamada a cultivar a espiritualidade da comunhão. É alguém capaz de partilhar as alegrias e sofrimentos dos irmãos e irmãs. Desenvolve em si mesmo o sentido do profundo *pertencimento* à Igreja e a atitude de *corresponsabilidade* na vida comunitária (cf. DC, n. 88-89).

d) *Ser pessoa de sinodalidade*: assumir um ministério na comunidade eclesial é tomar consciência de que não se caminha sozinho e sem direção. Qualquer ministério, sobretudo o Ministério de Catequista, deve desenvolver uma profunda consciência de identidade missionária que lhe possibilite "uma maior capacidade de condividir, comunicar e se encontrar, de modo que possamos caminhar juntos no caminho de Cristo e na docilidade ao Espírito" (DC, n. 289). É *saber ser com*, ou seja, é pessoa que respeita a história e a liberdade de cada ser humano (cf. DC, n. 142). É alguém de profundo *discernimento* eclesial e sociocultural, onde cada batizado é chamado a ser colaborador do Espírito Santo (cf. *AG*, n. 4).

e) *Amadurecer na fé*: É assumir um ministério eclesial que exige fé e maturidade. O exercício do ministério, nessa perspectiva, é uma oportunidade para realizar um caminho de conversão pessoal no seguimento a Jesus Cristo. É a capacidade de educar a fé ligada com a vida cotidiana. É realizar a passagem da pessoa religiosa para o seguimento a Jesus Cristo, ou seja, de se tornar aquele que configura sua vida com a vida de Jesus. Nesse processo o catequista é aquele que se coloca a serviço da proclamação da mensagem evangélica proclamada por Jesus Cristo a serviço da Igreja realizando "...uma adesão do coração, da mente e da ação" (DC, n. 18). Imprime em sua vida um ato de resposta a Deus que chama, porque a fé, embora sendo um ato pessoal, é indispensavelmente de caráter relacional e comunitário. É, nesse sentido, uma participação na fé da Igreja que é a fé dos apóstolos. É a passagem do *eu creio* para o *nós cremos* (cf. DC, n. 21).

f) *Desenvolver a capacidade de comunicação e relação*: comunicar está para além de simplesmente transmitir uma determinada mensagem com instrumentos e meios apropriados. Comunicar tem a ver com a experiência pessoal realizada anteriormente. O cristão não comunica ideias simplesmente, mas a sua experiência com Jesus. Isto é, comunica com o testemunho. Desempenhar um ministério na comunidade cristã é ser uma pessoa aberta para as relações nas quais sempre se valoriza o que o outro possui de melhor. Ser pessoa de/em relação significa, além de comunicar a experiência vital, viver uma profunda hospitalidade diante do outro que tem um nome concreto: os imigrantes, os idosos, os enfermos, os pobres. Se a comunidade cristã é gerada pela Palavra; os batizados que exercem nela o ministério são comunicadores por excelência da graça na vida de todo e qualquer ser humano.

4. COMUNIDADES MINISTERIAIS MISSIONÁRIAS

O ministério, assumido como serviço comunitário, agora deve ganhar um sentido missionário. Aliás, essa é uma das tarefas do povo de Deus estabelecidas pelo Concílio, ele é missionário por natureza (cf. *LG*, n. 17). Por isso, é preciso perceber que instaura-se, em nossas comunidades, nesse tempo atual, a urgente necessidade de aprofundar a metodologia proposta pelo Papa Francisco na qual a nossa preocupação deve estar relacionada unicamente em "ocupar-se *mais* com *iniciar processos do que possuir espaços*" (*EG*, n. 223). Para isso, ele propõe na Exortação *Amoris Laetitia* (*AL*) um caminho metodológico para toda a Igreja: *acompanhar*, *discernir* e *integrar* (cf. *AL*, n. 291-312); tudo em perspectiva missionária (cf. *EG*, n. 20-23). O primeiro movimento está na modalidade do acompanhamento. É tarefa da comunidade acompanhar o catequista no exercício do seu ministério.

Nesse contexto, exercer o ministério na comunidade cristã é uma questão que está ligada mais ao *ser* do que ao *ter poder*. Portanto, está unida estreitamente à graça e não ao ato de possuir um poder pessoal. Nesse sentido, é tarefa primordial da comunidade cristã iniciar homens e mulheres através de uma adequada formação aos ministérios em perspectiva e caráter missionário. Embora o ministério dependa do carisma, que é doado pelo Espírito Santo, o exercício desse ministério está relacionado aos dinamismos humanos de cada pessoa.

Propor uma adequada formação aos ministérios, sobretudo ao Ministério de Catequista, significa estar inspirado no mandato solicitado pelo Concílio Vaticano II através do Decreto *Ad Gentes* (*AG*) sobre a atividade missionária da Igreja. Iniciar um *processo* formativo nas comunidades na modalidade da iniciação cristã sob a pedagogia do catecumenato, isto é propor um itinerário contemplando ensino-aprendizagem e experiência. No entanto, requer realizar formações de diferentes formas e níveis respondendo ao contexto eclesial e sociocultural. A finalidade em uma formação de inspiração catecu-

33

menal tem por objetivo alicerçar o exercício da fé sob três dimensões: na vida de fé, na liturgia e na caridade do povo de Deus (cf. *AG*, n. 14).

Em uma comunidade onde se concretiza a opção de um processo formativo dos ministérios, segundo as orientações do processo de inspiração catecumenal, todo o povo de Deus assume seu papel e é *sujeito* de evangelização com os mais variados ministérios na preparação do batismo e da formação dos futuros cristãos. Cada pessoa que pelo batismo coopera com a Igreja e torna-se parte ativa através de um *serviço ministerial,* também expressa sua fé à medida que se coloca a serviço (cf. RICA, n. 7). Uma comunidade, cuja opção é realizar a formação dos ministérios em perspectiva catecumenal, colherá seus frutos na diversidade dos serviços envolvidos no processo. Ao mesmo tempo que a Igreja é geradora de ministérios, eles, por sua vez, fazem crescer a Igreja revelando a sua vocação materna.

Nesse caso, para Borobio (2007), autor e professor de Liturgia e Sacramentos, o processo formativo de inspiração catecumenal é uma *potencialização dos ministérios* da Igreja, já que neles se encontram várias dimensões da missão de toda a Igreja[7]. Os ministérios situam-se também na natureza missionária da Igreja (cf. *AG*, n. 2). Portanto, a vocação cristã está na corresponsabilidade eclesial e social. A variedade de ministérios somente deverá acontecer à medida que as comunidades cristãs forem capazes de formar adultos na perspectiva da missionariedade. A qualidade da formação cristã oferecida nas comunidades é a condição para o bom exercício dessa ministerialidade.

Os ministérios estão em função de uma eficaz evangelização. Na raiz do termo ministério está a expressão *diaconia*. Nessa lógica, recupera-se a compreensão de evangelização como ação transformadora (dimensão da *diaconia*) da história na qual se supera a dimensão apenas doutrinal do anúncio para definir melhor seus conteúdos. Ministério é, antes de tudo, um serviço que se dá pela via do testemunho. Por isso, a finalidade da evangelização é precisamente uma mudança interior (cf. *EN*, n. 18) que se faz com a fé e a vida. Nisso consiste o ato de testemunhar. Sendo que o sujeito de todo este processo é sempre o povo de Deus (cf. *EN*, n. 14).

Conclui-se, dessa forma, que a missão da comunidade cristã configura-se como *anúncio (kerigma)* e *transformação (diaconia)* pela via dos mais diversos ministérios que a compõem com a finalidade de realizar a promoção humana a fim de superar a compreensão de comunidade cristã apenas centrada sobre os sacramentos e a vida moral, mas como uma comunidade aberta para o mundo, capaz de ir ao encontro das pessoas nas suas diversas realidades e contextos. Consequentemente, a tarefa do batizado que assume um ministério eclesial é, antes de tudo, chamado a compartilhar a sua experiência do encontro com Cristo (cf. DAp, n. 145) com o objetivo central de colaborar com a própria missão da Igreja em comunicar o Evangelho que possibilite a relação entre a fé e a vida (cf. DAp, n. 331). O catequista, ao receber o *Ministério* da sua comunidade, além dele mesmo realizar um empenho missionário específico e aprimorado, próprio daquilo que o Sacramento do Batismo lhe exige, promove uma comunidade para que toda ela se torne missionária. Ela, através do *serviço* ministerial do catequista como Ministro da Palavra, se torna mais *servidora* do mundo (cf. *AM*, n. 7).

---

[7] Cf. BOROBIO, D. *Catecumenato e iniciación Cristiana*: un desafio para la iglesia hoy. Barcelona: Centre de Pastoral Litúrgica, 2007, p. 78.

CAPÍTULO

3

Pe. Décio José Walker[8]
Maria Aparecida Barboza[9]

UM MINISTÉRIO QUE NASCE DO CORAÇÃO DA PALAVRA DE DEUS

---

[8] Presbítero da Diocese de Santo Angelo/RS; mestrado em Teologia Bíblica pela Pontifícia Universidade Gregoriana; membro da equipe de Animação Bíblica da Pastoral (ABP) do Regional Sul 3 da CNBB.

[9] Conselheira geral da Animação Missionária na Congregação das Irmãs do Imaculado Coração de Maria, mestra em Teologia bíblica, especialista em Pedagogia-catequética, doutoranda em Teologia na PUC-RS, membro do Grupo de Reflexão Bíblico-Catequética (GREBICAT) da CNBB e coordenadora da Iniciação à Vida Cristã na Arquidiocese de Porto Alegre. Tem experiência na área de Teologia, Bíblia e Catequese. Área de atuação: Bíblia, Catequese, Iniciação à Vida Cristã e Comunidade.

INTRODUÇÃO

Ao instituir o Ministério de Catequista, através do *Motu Proprio Antiquum Ministerium*, o Papa Francisco, em primeiro lugar, fundamenta sua decisão em contextos e textos bíblicos. Mostra que existe na Igreja, desde as suas origens, uma grande variedade de serviços, funções e tarefas. Entre esses serviços está o dos "mestres" que ensinam e educam na fé, equivalendo, assim, ao que hoje denominamos catequista. Pela natureza de uma Carta Apostólica, o autor não pode se prolongar nesta temática. O principal objetivo deste capítulo é, portanto, ampliar esta reflexão, para dar-nos conta que em toda a Sagrada Escritura, no seu coração, fonte vital, que conduz todo o processo histórico do povo de Deus, está presente o serviço de educar na fé do Deus Vivo.

É preciso dizer, de imediato, que a palavra ministério, significando serviço, não aparece na Bíblia como termo, mas como função. Como termo entra no vocabulário cristão em época posterior das comunidades retratadas no Novo Testamento.

O Papa Bento XVI, em sua Encíclica *Deus Caritas Est*, nos ajuda a entender as fontes dos ministérios a partir da natureza tríplice da Igreja: o *anúncio da Palavra de Deus (kerygma-martyria); a Celebração dos Sacramentos (leiturgia) e o Serviço da Caridade (diaconia)* (cf. *DCE*, n. 25). Segundo esta visão, o Ministério de Catequista está ligado, em primeiro lugar, ao serviço da Palavra, como nos fala Lucas em seu evangelho: "para que conheças a solidez dos ensinamentos que recebeste" (Lc 1,4). E Paulo na Carta aos Gálatas: "aquele que recebe o ensinamento da Palavra torna quem o ensina participante de todos os bens" (Gl 6,6).

Ao mesmo tempo o Ministério de Catequista também se alimenta da fonte da celebração do mistério da fé (liturgia) e do serviço da caridade social (diaconia). Esta compreensão também explica por que os ministérios na Igreja assumem formas tão diversas, como o serviço do ensino, o serviço da caridade e até o de administrar e presidir a comunidade. Antes de tudo, todos os batizados estão a serviço da edificação da Igreja e na orientação dos seus membros no caminho da santidade, mas os ministérios instituídos têm a função de dinamizar esse esforço que deve ser de todos (cf. Rm 12,6-8; 1Cor 12,27-28; Ef 4,11-13).

No conjunto dos ministérios da Igreja o Ministério de Catequista se torna essencial, pois é através dele que acontece a transmissão da fé de geração em geração como já afirmava o salmista:

> Aquilo que ouvimos e aprendemos, o que nossos pais nos contaram, não o ocultaremos a seus filhos. Vamos contar à geração futura os louvores do Senhor e seus prodígios, as maravilhas que Ele realizou (Sl 78,3).

A Igreja como servidora da Palavra (cf. *DV*, n.10), também se autocompreende como toda ministerial. Aquela que recebe a missão de perpetuar e transmitir a todas as gerações tudo aquilo que ela é, tudo aquilo que ela acredita (cf. *DV*, n. 8). Os ministérios eclesiais se constituem, assim, um serviço essencialmente comunitário. Como recorda o Apóstolo Paulo: "como num só corpo temos muitos membros, cada qual com uma função diferente" (Rm 12,4-5). E à comunidade de Corinto, falando sobre esse tema, diz que mesmo sendo diversos, os ministérios são obra do mesmo Espírito em vista da unidade do Corpo de Cristo (cf. 1Cor 12,11).

O Ministério de Catequista é um chamado, uma vocação e um serviço eclesial. Nasce do coração da Palavra de Deus para crescer e frutificar na Igreja. Por isso, o/a catequista desempenha este ministério como uma missão recebida para conduzir as pessoas ao encontro de Jesus Cristo e à inserção na comunidade. É também um dom que se recebe e se comunica como uma experiência alegre, que se irradia no testemunho e na transmissão da fé.

1. MINISTÉRIOS NO ANTIGO TESTAMENTO

Ao falar em "ministérios" no Antigo Testamento (AT) é preciso explicitar logo que não se trata de projetar para o passado uma experiência, cujo processo se inicia, como tal, com o Ministério do Filho de Deus encarnado e cuja expressão linguística ainda surge em época posterior ao Novo Testamento. Por isso, ao falar em *"ministérios"* no AT, usaremos aspas, para diferenciar daquilo que entendemos com esse termo hoje. O que pretendemos é resgatar as raízes históricas que sustentam e iluminam a essência do serviço, que perpassa toda a história do povo de Deus. Assim como consideramos o AT uma etapa preparatória para a vinda do Messias, podemos também considerar as narrativas de tantos servidores como preparação aos ministérios que nascem do Ministério de Cristo. Sem cair, portanto, em anacronismos, podemos acolher com muito proveito a luz que certas figuras e situações do AT irradiam nesse processo histórico.

A primeira referência que podemos relacionar a um "ministério" no Antigo Testamento está ligada ao verbo *yaráh*, que se refere ao ato de ensinar. Neste caso, não um ensinamento escolar, mas um ensino sobre a Palavra de Deus. Aquele que ensina é chamado de *môréh,* que quer dizer mestre. Esse ensino é principalmente ligado à *Torah*, portanto, é aquele que transmite os ensinamentos da Palavra (Lei) de Deus. Outro verbo que podemos relacionar com o Ministério da catequese hoje é *lamád*, que significa aprender. Deste verbo deriva a expressão *talmîd*, que significa discípulo. O Ministério de Catequista, justamente, tem como principal objetivo a transmissão da fé em vista de formar discípulos, para o seguimento de Jesus Cristo.

No Antigo Testamento nos deparamos com muitos exemplos de pessoas escolhidas e chamadas por Deus ou pela comunidade para se colocar a serviço do povo. O chamado para servir é considerado um dom, é graça divina. São abundantes as referências de homens e mulheres que foram chamados a exercer um "serviço/ministério", voltado especialmente ao anúncio da Palavra de Deus e à organização da comunidade de fé.

Aquele que, com sua *Dabar* (Palavra), criou todas as coisas, chamou Abraão para fazer dele uma grande nação (cf. Gn 12,1-3); pelo poder de sua Palavra e a força de seu braço libertou os escravos hebreus da escravidão do Egito (cf. Ex 3,6-10), celebrou com eles uma Aliança (cf. Ex 19–20) e os conduziu pelo deserto até à Terra Prometida, formando-os como um povo. Em toda essa trajetória histórica o destaque é dado ao "ministério" da Palavra que é exercido pelos patriarcas e matriarcas, por Moisés, Aarão e Miriam, e pelos juízes e juízas, profetas e profetizas, sábios(as). Vejamos.

a) *Vocação e missão de Abraão e Sara:*
Seguindo a pedagogia divina, na figura dos patriarcas e matriarcas, nossos pais na fé, encontramos um modelo inspirador de chamado e resposta ao "serviço/ministério" a eles confiado. O Senhor disse a Abraão: "Sai da tua terra, da tua parentela e da casa de teu pai, para a terra que eu te mostrarei. Farei de ti uma grande nação e te abençoarei; engrandecerei o teu nome, e tu serás uma bênção! Abençoarei os que te abençoarem e amaldiçoarei os que te amaldiçoarem. Por ti se abençoarão todas as tribos da terra" (Gn 12,1-3).
Abraão e Sara são, merecidamente, considerados nossos pais na fé, pois graças a eles no testemunho da vivência de um ministério a serviço da Palavra, da transmissão da fé e da orientação do povo de Deus o povo de Israel é iniciado na fé em um Deus único. Um Deus diferente dos deuses das nações vizinhas. O Deus de Abraão e Sara é o Deus que quer homens e mulheres livres em comunidades justas e solidárias. Um Deus que vai à "luta" com o seu povo para transformar os projetos de morte, respaldados pelos deuses, em projetos de vida, inspirados e sustentados pelo Deus único, Deus da Vida. Diante do chamado aceito, Deus garante sua presença: "Não temas Abraão! Eu sou o teu escudo protetor" (Gn 15,1).

b) *Vocação e missão de Moisés, Arão e Miriam:*
Em torno do ano 1250 a.C., os descendentes do povo da Promessa estão no Egito. São escravos do Faraó. Eles gritam ao Deus da Promessa e Deus responde com generosidade, ternura e cuidado (cf. Ex 3,7-10.13-15), descendo para libertar e conduzir o povo à Terra Prometida: "o clamor dos israelitas chegou até mim" (Ex 3,9). Vocaciona Moisés, seu irmão sacerdote Aarão e sua irmã profetisa Míriam, para formar, ensinar e conduzir o seu povo pelo deserto. Esta peregrinação se transforma num grande processo de "catequese" vivencial. Deus revela a ele sua identidade: Sou Aquele que sou, ou Aquele que é, ou Aquele que está no meio do povo (cf. Ex 3,7-15). Com essa revelação quer dar-lhes força e coragem na missão. Com muita confiança a equipe coloca-se em movimento missionário e, com sua liderança, põe a comunidade israelita em dinâmica de saída. E no longo itinerário pelo deserto ensinam o povo a servir "Aquele que está junto" nessa travessia para a liberdade!
Moisés, Aarão e Míriam à equipe ensinavam e aprendiam como o povo. Basta lembrar o grito de alerta de Jetro, sogro de Moisés, quando ele estava concentrando todo o poder como um pequeno Faraó, símbolo do sistema opressor do qual recém se libertaram. Buscaram mudar este sistema para uma administração partilhada onde os "serviços/ministérios" são repartidos e muitas lideranças novas

surgem, gerando uma dinâmica de colaboração, corresponsabilidade e compromisso com as pessoas e a comunidade. Com essa lição todos entenderam que "ministério" não é poder e sim serviço (cf. Ex 18). Esse aprendizado foi fundamental para preparar a assembleia da celebração da aliança de Deus com o seu povo, aliança que se tornou o marco referencial para todas as etapas seguintes do Antigo Testamento.

c) *Vocação e missão dos juízes e juízas:*
No Livro do Deuteronômio encontramos a notícia da morte de Moisés em Moab, no Monte Nebo (cf. Dt 34,1-12). E Josué é escolhido como o servidor que tem a missão de coordenar a entrada do povo na terra da liberdade e assumiu a missão em conjunto com toda sua família (cf. Dt 31,1-8; Js 1,1-9). Pela experiência adquirida na caminhada do deserto, eles foram capazes de propor um sistema baseado nas "Dez Palavras" da Aliança, que inadequadamente chamamos de mandamentos. São, na verdade, indicadores que orientam para uma estrutura de organização com a participação de todos, o chamado sistema tribal. Sistema onde Deus é o centro, a terra é partilhada, a solidariedade é de fato colocada em prática, os direitos e a justiça são garantidos para todos. E os juízes e juízas, junto com o povo, planejavam e decidiam as etapas da caminhada em forma de assembleias feitas desde os núcleos menores até os maiores. Esse tempo significou para o povo um grande passo para a construção de novas relações entre as famílias, as tribos e a sociedade em geral. Esse período da história pode ser considerado como um tempo de iniciação, aprendizado e vivência daquilo que era o essencial da fé no Deus Único.
O ministério do juiz e da juíza foi marcado pela experiência de Deus que, revelado na história, caminha com seu povo e delega funções a serem assumidas de acordo com seu projeto salvífico. Os juizes e juízas são instrumentos de Deus para transmitir a fé ao povo de Deus e conduzí-los à terra da promessa.

d) *Vocação e missão dos profetas e das profetisas:*
O sistema tribal, coordenado por juízes e juízas (por ex. Débora), foi vivenciado durante uns 200 anos (de 1030 até 931 a.C.). Depois disso entrou em crise e, por circunstâncias diversas, optou-se por um sistema monárquico (Reis). Samuel, então, como último juiz e também profeta, alerta o povo sobre os perigos e as consequências da opção por um regime monárquico ao modo dos povos vizinhos (cf. 1Sm 8,10-22). Ele consulta a Deus sobre o pedido do povo e Deus diz a ele que o povo estava rejeitando o compromisso do Êxodo: O Deus Único, a Aliança, a justiça e a solidariedade do tempo das tribos. Eles não estavam rejeitando Samuel, mas a Deus (cf. 1Sm 8).
Não durou muito e começaram a surgir as nefastas consequências de um sistema centralizador à semelhança do Egito, do qual não tinham boas memórias. Nesse momento surgem os profetas e as profetisas, a quem Deus se revela e

confere o "ministério" de denunciar injustiças, resultantes da quebra da aliança e anunciar o que Deus deseja para o restabelecimento dela e a construção de um novo futuro.

Os profetas e as profetisas, nesse tempo, foram os verdadeiros introdutores do povo, conduzindo-o à contínua fidelidade à aliança estabelecida pelo Senhor. Foi um período de reiniciação de Israel, uma aprendizagem para reorganizar-se como genuíno povo de Deus em meio às controvérsias, ameaças e perigos da perda de identidade como povo eleito.

No percurso do caminho e formação do povo de Israel, os profetas e as profetisas foram determinantes na vida do povo. Durante o exílio da Babilônia, conseguiram ajudar o povo a fazer a releitura dos acontecimentos de seu tempo, à luz dos eventos ocorridos na saída do Egito, para voltar à fonte da aliança; reavivar as promessas a respeito da terra, da posteridade e da bênção; a ler e a compreender a história da fidelidade de Deus e de infidelidade do povo a Deus; a reelaborar e assumir o espírito das "Dez Palavras" como fala o Profeta Jeremias: "um dia chegará, oráculo do Senhor, quando hei de fazer uma nova aliança com a casa de Israel e a casa de Judá. Não será como a aliança que fiz com seus pais quando os peguei para tirá-los do Egito. Essa aliança eles quebraram, mas continuei Senhor deles, oráculo do Senhor" (Jr 31,31). Esta nova aliança, segundo o Novo Testamento, se realizada em Jesus Cristo, o envido do Pai para nossa redenção.

2. MINISTÉRIO NO NOVO TESTAMENTO

Na plenitude dos tempos, aquela mesma Palavra pela qual Deus fez o céu e a terra e que falou por meio dos profetas, sem deixar de estar em Deus e voltada para Ele (cf. Jo 1,1), tornou-se carne e armou sua tenda no meio de nós (cf. Jo 1,14). "Muitas vezes e de muitos modos Deus falou outrora aos nossos pais pelos profetas. Nesses dias, que são os últimos, falou-nos por meio do Filho, a quem constituiu herdeiro de todas as coisas e pelo qual também criou o universo" (Hb 1,1-2).

Todo o ministério tem seu fundamento e seu sentido no Ministério de Cristo, Palavra de Deus encarnada (cf. Jo 1,14), cabeça do Corpo que é à Igreja (Ef 4,15), que assumiu a condição de servo (cf. Fl 2,6-7) e lavou os pés dos discípulos (cf. Jo 13,3). Ele que veio não para ser servido, mas para servir e dar a sua vida em resgate de muitos (cf. Mt 20,28), ensinou e testemunhou que aquele que deseja ser o maior deve ser o servo de todos (cf. Mc 10,42-44) e enviou os seus discípulos para anunciar a Boa-nova da Salvação (cf. Mc 16,15), como sinal permanente do seu amor à humanidade.

Na pessoa de Cristo, se concentram todas as instituições e "ministérios" do Antigo Testamento. Ao próprio Jesus são atribuídas as funções fundamentais da Antiga Aliança: *profeta*, *sacerdote* e *rei*. Por isso, Jesus, o enviado do Pai, é o modelo de cada ministério, pois como o Pai enviou o seu Filho ao mundo, assim em nome de Cristo instituiu os apóstolos e os enviou, com a função de anunciar o Evangelho. A estes coube a responsabilidade de organizar a Igreja discipular e ministerial.

Jesus mesmo formou uma comunidade de discípulos. Os evangelistas narram que "Jesus subiu a montanha e chamou os que Ele mesmo quis; e foram até Ele. Então constituiu doze, para estarem com Ele e para enviá-los para anunciar, com a autoridade de expulsar demônios" (Mc 3,13-15). Os Doze são enviados para anunciar o Reino que Jesus anunciava, realizar os sinais que Ele fazia, chamando todos à conversão e convidando-os à fé.

A essa comunidade discipular e ministerial Jesus confere a missão de dar continuidade à sua obra: "foi me dada a autoridade no céu e na terra. Ide, pois, e fazei discípulos todos os povos, batizando-os em nome do Pai e do Filho e do Espírito Santo. Ensinai-os a observar tudo o que vos mandei. Eis que estou convosco todos os dias, até o fim dos tempos" (Mt 28,18b-20). E à medida que crescia o anúncio da Palavra o número de discípulos se multiplicava (cf. At 6,7), se ampliavam também as funções e ministérios.

Na organização e formação das primeiras comunidades é visível a necessidade de estabelecer ministérios, especialmente para o anúncio da Palavra: "Não está certo que abandonemos a pregação da Palavra de Deus para servirmos às mesas. Portanto, irmãos, escolhei entre vós sete homens de boa reputação, cheios de Espírito e de sabedoria, para que lhes confiemos essa tarefa" (At 6,2b-3). A comunidade tem consciência de que pode prover-se daquelas formas de serviços ou ministérios de que precisa para ser fiel à sua vocação e missão recebida.

Para Paulo Apóstolo os ministérios estão ligados aos carismas, dons do Espírito Santo para a edificação da Igreja de Cristo (cf. Rm 12,6-7; 1Cor 12,4-9). Carisma vem do grego *cháris*, que significa dom divino, graça ou favor supremo. Os carismas são dados às pessoas com o propósito de irradiação, serviço, doação e missão.

Paulo também lembra que há dons diferentes, segundo a graça que nos foi dada. Pelo dom da profecia profetizemos em proporção com a fé recebida; pelo dom do serviço nos colocamos à disposição de todos os necessitados; pelo dom de ensinar instruímos na fé, pelo dom de exortar para a justiça e o amor. Quem distribui donativos, faça-o com simplicidade; quem preside, presida com solicitude; quem se dedica a obras de misericórdia, faça-o com alegria (cf. Rm 12,1-8). E na Carta aos Efésios acrescenta ainda: "a alguns Ele concedeu serem apóstolos; a outros, profetas; a outros, evangelistas; a outros, pastores e mestres, para capacitar os santos para a obra do ministério, para a edificação do Corpo de Cristo, até chegarmos, todos juntos, à unidade da fé e no conhecimento do Filho de Deus, ao estado de adultos, à estatura de Cristo em sua plenitude" (Ef 4,11-13). E finaliza dizendo: "é dele que o corpo todo recebe coesão e harmonia [...], construindo-se no amor, graças à atuação de vida de cada membro" (Ef 4,16).

3. AS MULHERES NO MINISTÉRIO DE JESUS E NAS COMUNIDADES CRISTÃS

Percebe-se, no Novo Testamento, uma presença marcante de *mulheres* junto a Jesus e das primeiras comunidades cristãs, sobretudo na ressurreição de Jesus Cristo: "e saindo às pressas do túmulo, com temor e grande alegria, correram para dar a notícia aos discípulos" (Mt 28,8). No Evangelho de Lucas, já no início, aparece a profetisa Ana que "não se afastava do templo, e dia e noite servia a Deus jejuns e orações. Tendo chegado naquela hora, louvava a Deus e falava do Menino a todos os que esperavam a libertação de Israel" (Lc 2,37b-38). Na vida pública de Jesus elas aparecem como auxiliares e, de certa forma, como *discípulas*: "Estavam com Ele os Doze, e também algumas mulheres" (Lc 8,1-2).

Mateus inclui quatro mulheres na genealogia de Jesus (cf. Mt 1,1-16). Em Marcos elas sustentam a fé que salva (cf. Mc 5,25-34; 7,24-30). E no Evangelho de João são elas que permanecem firmes ao pé da cruz (cf. Jo 19,25-27). São elas também as protagonistas ou as apóstolas por ocasião da ressurreição de Jesus (cf. Mc 16,1-8; Mt 28,1-8; Lc 24,1-11). No Evangelho de João temos o texto mais explícito quando Jesus diz à Maria Madalena: "vai dizer aos meus irmãos que eu subo para junto do meu Pai e vosso Pai, meu Deus e vosso Deus. Então, Maria Madalena foi anunciar aos discípulos: "Eu vi o Senhor", e contou o que lhe havia dito" (Jo 20,17-18).

Em Atos dos Apóstolos, no início, elas aparecem como mulheres orantes, junto à comunidade reunida em Jerusalém: "Todos eles perseveravam na oração em comum, junto com algumas mulheres e Maria, mãe de Jesus, e com os irmãos dele" (At 1,14). São chamadas de *discípulas*: "Em Jope havia uma discípula chamada Tabita, nome que quer dizer Gazela. Eram muitas as obras que fazia e as esmolas que dava" (At 9,36). Recebem também o título de profetisas: "Filipe tinha quatro filhas solteiras que profetizavam" (At 21,9). São líderes nas comunidades (cf. At 16,14-15; 18,18-28), e exercem a *diaconia* (cf. Rm 16,1).

Na Carta aos Romanos, Paulo pede que a diaconisa Febe seja acolhida na comunidade: "Recomendo-vos a nossa irmã Febe, diaconisa da Igreja em Cencreia. Acolhei-a no Senhor, de maneira digna, como convém aos santos" (Rm 16,1). E convida também: "Saudai Prisca e Áquila, colaboradores meus no Cristo Jesus, os quais arriscaram suas próprias vidas para salvar a minha" (Rm 16,3). As mulheres estão presentes e atuantes em toda a Igreja nascente, que se reunia nas casas. Ainda em Atos vemos o início de uma comunidade que vai florescer na casa de Lídia (cf. At 16,13-15). Por fim, Paulo apresenta à comunidade de Roma uma porção de pessoas que estão anunciando a mensagem e construindo comunidades. Aí aparecem várias mulheres: a diaconisa Febe, Prisca, Júnia, Trifena e Trifosa, Pérside, Júlia e a irmã de Nereu. As mulheres são inspiradoras para o Ministério de Catequista hoje, pois, além das que foram citadas, sabemos que havia grande número de mulheres que de forma anônima deixaram suas marcas evangelizadoras na vida e missão das comunidades (cf. Rm 16).

CONCLUSÃO

Nas Sagradas Escrituras, como vimos, existem tantos exemplos de pessoas escolhidas por Deus e pela comunidade para se colocarem a serviço do povo. O próprio Jesus escolheu um grupo de discípulos e discípulas para acompanhá-lo na sua missão e dar continuidade a ela depois da Ressurreição. Por isso, na Igreja, desde as suas origens, há uma grande variedade de serviços, funções e tarefas, que hoje denominamos de ministérios. Entre esses muitos serviços, um deles é a educação da fé, a catequese. Esta, como base de toda a evangelização, é um destes serviços capazes de dinamizar todas as outras pastorais.

O grande desafio atual, no entanto, é formar catequistas capazes de encarnar a Palavra de Deus nas alegrias e tristezas, angústias e esperanças do ser humano (cf. *GS*, n. 1). Todos os dons, carismas e ministérios são para construir, edificar, levantar e fazer crescer o Corpo de Cristo que é a Igreja; são para proveito e benefício da comunidade cristã e para toda a sociedade (cf. 1Cor 12,7; 14).

É admirável o crescimento da ministerialidade da Igreja. Todo batizado é instrumento do amor de Deus, levando ao coração de cada pessoa humana Jesus Cristo, a Palavra de Amor do Pai. O próprio Espírito Santo, protagonista da missão, continua despertando novos ministérios suscitando dons e carismas e confirmando a obra que o Pai iniciou em Cristo Jesus. Isso nos permite sonhar com uma Igreja toda ministerial e Sinodal. Acreditamos que o processo do Sínodo, convocado pelo Papa Francisco de 2021-2023, dará, com certeza, um passo gigante nessa direção da comunhão e participação. Podemos vibrar com tantas experiências que já temos, apostar e confiar que ainda avançaremos muito, muito mais.

CAPÍTULO 4

Dom Antonio Luiz Catelan Ferreira[10]

A TEOLOGIA DOS MINISTÉRIOS LAICAIS: DO CONCÍLIO VATICANO II AO *MOTU PROPRIO ANTIQUUM MINISTERIUM*

---

[10] Bispo auxiliar da Arquidiocese de São Sebastião do Rio de Janeiro, professor de Teologia Dogmática no Departamento de Teologia da Pontifícia Universidade Católica do Rio de Janeiro; coordenador da Cátedra Joseph Ratzinger na PUC-Rio; membro da Comissão Teológica Internacional; perito da Comissão Episcopal Pastoral para a Doutrina da Fé da Conferência Nacional dos Bispos do Brasil; perito da Comissão para Renovação e Reestruturação do CELAM.

INTRODUÇÃO

A presente reflexão pretende situar a instituição do Ministério Laical de Catequistas na perspectiva da recepção do Concílio Vaticano II. Para isso, após breve referência à eclesiologia da Igreja local e à teologia do laicato, percorre, em rápida apresentação, os principais textos do Concílio e do Magistério pontifício pós-conciliar a respeito do tema. Essa reflexão inicial é tomada como referência para a noção de ministério laical, como apresentada no *Motu Proprio Antiquum Ministerium*, de 10 de maio de 2021.

1. A REDESCOBERTA DA IGREJA LOCAL E DA ECLESIALIDADE LAICAL

Depois de um longo período de muitos séculos, a Igreja local é reapresentada com toda a articulação teológica. Embora a terminologia do Concílio Vaticano II seja a esse respeito flutuante, são tomados como equivalentes as expressões "Igreja local" e "Igreja particular", cuja principal figura concreta é a Diocese. É a compreensão teológica da Igreja local que oferece o contexto indispensável para situar-se adequadamente os ministérios laicais, pois a realidade concreta da Igreja é referencial objetivo da ministerialidade.

A síntese da doutrina conciliar sobre a Igreja local pode ser encontrada no decreto *Christus Dominus* (*CD*), que trata do ministério dos bispos. Ali se encontra a apresentação mais articulada dos elementos que constituem sua eclesialidade. Ela é apresentada como uma porção do povo de Deus, unida ao seu pastor (bispo e presbitério), congregada no Espírito Santo pelo Evangelho e pela Eucaristia. Dela se afirma que "constitui uma Igreja particular, na qual está e opera a Igreja de Cristo, una, santa, católica e apostólica" (*CD*, n. 11).

Por sua natureza a Igreja peregrina é missionária (cf. *AG*, n. 2). Há uma equivalência entre a Igreja peregrina e as Igrejas locais, nas quais e a partir das quais existe a Igreja una e única (cf. *LG*, n. 23). Cada Igreja local é, portanto, sujeito concreto da missão, da evangelização. "A evangelização é dever da Igreja. Este sujeito da evangelização, porém, é mais do que uma instituição orgânica e hierárquica; é, antes de tudo, um povo que peregrina para Deus. Trata-se certamente de um *mistério* que mergulha as raízes na Trindade, mas tem a sua concretização histórica em um povo peregrino e evangelizador, que sempre transcende toda a necessária expressão institucional" (*EG*, n. 111).

Essa teologia missionária da Igreja local esclarece a precedência da Igreja com relação aos ministérios, considerada um dos pontos de maior importância no ensinamento conciliar. Ela é apresentada como um "passo decisivo do Concílio"[11]. O Cardeal L.J. Suenens, em uma expressão que se tornou famosa, fala dela como uma "revolução copernicana"[12], ou seja, uma mudança como a da Teoria Geocêntrica (que considerava ser

---

[11] BUTLER, B.C. The Theology of Vatican II. Londres, 1967, p. 56.
[12] SUENENS, L.J. *Ricordi e speranze*. Milano, 1993, p. 140. Importante também, nesse mesmo sentido, SARTORI, L. La *"Lumen Gentium"*. *Traccia di studio*. Padova, 1994, p. 24.

a Terra o centro do universo) para a Teoria Heliocênctrica (na qual o Sol é considerado o centro do sistema solar). Na estrutura da constituição *Lumen Gentium* isso se manifesta na apresentação prioritária do que é comum na Igreja. São dois os elementos fundamentais: 1) sua condição de mistério e sacramento da salvação (capítulo 1); 2) que se concretiza historicamente sob a figura de povo (capítulo 2). Só após é que a diversidade de composição desse povo é apresentada: pastores (capítulo 3), fiéis leigos e leigas (capítulo 4) e consagrados (capítulo 6).

A esse respeito, comenta Y. Congar, grande teólogo e historiador das ideias eclesiológicas:

> A primeira e decisiva realidade da eclesiologia é a própria Ecclesia, isto é, o conjunto dos fiéis, a comunidade ou a unidade dos homens fiéis. Isso pode parecer um truísmo. Anos de estudo e de reflexão sobre a história das doutrinas eclesiológicas convenceram-nos que não se trata de uma banalidade, mas, muito ao contrário, que é mesmo uma constatação de primeira importância. Isso determina toda a concepção da autoridade e todo o tratado. Para os padres e os anciãos existe em primeiro lugar a ecclesia e, em seguida, nela, os *praepositi ecclesiae*, presidentes ou chefes da comunidade cristã. O chefe da Igreja, o bispo, é, antes de mais nada, por si mesmo um cristão, e confessa-o. Santo Agostinho não deixa de repetir aos seus fiéis: "Sou Bispo para vós, sou cristão convosco", "pecador convosco", "discípulo e ouvinte do Evangelho convosco", "se eu sou bispo é para vós", "mas convosco sou cristão" (CONGAR, 1964, p. 60-61).

Nessa compreensão da Igreja, cujas bases são bíblicas e profundamente tradicionais, não somente se reposiciona a compreensão dos ministérios, mas também o modo de considerar os leigos e leigas recebe um enfoque renovado. É valorizado não apenas o fato de serem eles e elas a maioria no povo de Deus. E esse dado em si nem é o mais relevante. Decisivos são o reconhecimento e a valorização de sua plena condição eclesial. A condição de filhos e filhas de Deus, templos vivos do Espírito Santo, membros do corpo de Cristo – que é dada nos sacramentos da iniciação cristã –, constitui sua plena pertença à Igreja e sua corresponsabilidade na única missão que, de Cristo, é confiada a seus discípulos.

2. O REAJUSTE DA TEOLOGIA DO LAICATO NUMA ECLESIOLOGIA DE TOTALIDADE

A plena eclesialidade dos leigos e leigas, reafirmada pelo Concílio, foi sendo progressivamente redescoberta a partir dos movimentos que caracterizaram a renovação eclesial no período imediatamente anterior ao ele. Ela foi sendo progressivamente redescoberta e proposta a partir da participação ativa na liturgia, no movimento litúrgico, à relevância da condição secular dos leigos e leigas, evidenciada na Ação Católica, e à corresponsabilidade na evangelização, tão cara aos movimentos missionários[13]. Com isso, vai sendo superada uma compreensão que predominou ao longo de muitos séculos, praticamente coincidindo com o eclipse da teologia da Igreja local.

A condição secular é cuidadosamente descrita pela *Lumen Gentium* nos seguintes termos: o específico dos leigos e leigas consiste em viverem e atuarem na família e na sociedade de acordo com os valores fundamentais da fé cristã, segundo o espírito do Evangelho. Santificar-se no mundo e santificar o mundo é o peculiar de sua vocação e missão (cf. *LG*, n. 31).

Oficialmente, no pós-Concílio, a teologia do laicato foi tema da Assembleia Geral do Sínodo dos Bispos de 1987, e de uma exortação pós-sinodal *Christifideles Laici*, de São João Paulo II, em que é abordado na perspectiva de uma eclesiologia de comunhão (cf. *ChL*, n. 8, 18-31). A Conferência Nacional dos Bispos do Brasil ofereceu sua contribuição para a atualização dessa compreensão com o documento 105: Cristãos leigos e leigas na Igreja e na sociedade – sal da terra e luz do mundo.

3. MINISTÉRIOS LAICAIS

É claramente no contexto da Igreja local que o Concílio aborda os ministérios, tanto os ministérios ordenados (episcopal, presbiteral e diaconal) como os ministérios laicais. Enquanto mistério ou sacramento, o Concílio reafirma que a Igreja é sacramento (cf. *LG* 1, 9, 48; *SC* 5; *AG* 15; *GS* 41, 43); ou seja, sinal e instrumento da salvação gratuita e universalmente oferecida pelo Pai, através do Filho e do Espírito Santo. Isto porque ela é *Ecclesia de Trinitate*: originada da Trindade, é comunhão divino-humana plasmada segundo o modelo trinitário, e para a comunhão trinitária peregrina[14]. Essa Igreja de Cristo se realiza nas Igrejas locais, nas quais e a partir das quais ela existe (cf. *LG*, n. 23). Por isso, a Igreja local se compreende como uma realidade essencialmente missionária: "a Igreja peregrina é por sua natureza missionária, pois ela se origina da missão do Filho e da missão do Espírito Santo, segundo o desígnio de Deus Pai" (*AG*, n. 2a).

Com esse referencial trinitário se evidencia que a missão não é um acréscimo pragmático à essência da Igreja. Pelo contrário, o divino envio do Filho e do Espírito criam continuamente a Igreja, que resulta das divinas missões, e, por sua vez, a enviam a oferecer essa mesma graça a toda a humanidade. Assim, a Igreja de Cristo, em todas as Igrejas locais, é sujeito coletivo da missão. Nelas, todos os sujeitos singulares são também missionários.

---

[13] A obra mais destacada a esse respeito é: CONGAR, Y. *Os leigos na Igreja*: escalões para uma teologia do laicato. São Paulo: Herder, 1966. O autor revisou algumas de suas posições em *Ministères et communion ecclésiale*. Paris, 1971 (especialmente nos capítulos "Mon cheminement dans la théologie de les ministères", p. 9-29, e "Ministère et structuration de l'Église", p. 31-50).

[14] PHILIPON, M. A Santíssima Trindade e a Igreja. In: BARAÚNA, G. (ed.). *A Igreja do Vaticano I*. Petrópolis, 1965, p. 361-383.

Em consonância com a natureza missionária de toda a Igreja, emerge uma compreensão também missionária dos ministérios. A origem deles são as divinas missões do Filho e do Espírito Santo. A essas missões eles dão continuidade.

Diferentemente dos ministérios ordenados (episcopado, presbiterado e diaconado), os ministérios laicais não recebem um tratamento específico nos documentos do Concílio. Os ministérios ordenados são tratados exatamente nessa perspectiva trinitário-missionária. Para a compreensão dos ministérios não ordenados, há um conjunto significativo de textos conciliares que permitem destacar, ainda que de modo genérico, seu fundamento, sua natureza e sua importância. Em linha de continuidade e aprofundamento do ensino conciliar, a CNBB publicou um documento de grande valor para a compreensão teológica dos ministérios laicais. Trata-se do documento 62, *Missão e ministério dos cristãos leigos e leigas* (1999). Aí é retomada e aprofundada a perspectiva conciliar e o resultado da reflexão posterior, tanto do magistério quanto da teologia.

De modo global, a fundamentação teológica dos ministérios laicais se encontra no conjunto mesmo da eclesiologia conciliar, que afirma a comum dignidade de todos os membros da Igreja (cf. *LG* 9b, 18, 32) e a comum participação em sua missão (cf. *LG* 30, 31, 33-37). A Igreja toda, mistério de comunhão, configurada na história como povo de Deus peregrino, é o "sacramento da íntima união com Deus e da unidade do gênero humano" (cf. *LG*, n, 1), e, como tal, existe a serviço do desígnio salvífico de Deus oferecido a todo o mundo. Em cada Igreja local em comunhão com todas as outras Igrejas locais, a Igreja, na plenitude de seus elementos, se realiza concretamente.

A participação no tríplice múnus de Cristo – sacerdotal, profético e régio – é concedida a todos (cf. *LG*, n. 10-12). Tal participação se fundamenta nos sacramentos da iniciação cristã (Batismo, Confirmação e Eucaristia) e nas virtudes teologais (fé, esperança e caridade). Sobre essa base comum, uma riqueza inesgotável de carismas (cf. *LG*, n. 4, 7, 12, 13, 32) é concedida gratuitamente por Deus para a edificação da Igreja, para a santificação dos fiéis, para a propagação do Evangelho e para a transformação do mundo na perspectiva do Reino de Deus.

Os carismas tinham sido praticamente esquecidos pela teologia, que os considerava predominantemente como fenômenos extraordinários pertencentes ao período fundacional da Igreja. Sua recuperação, no capítulo 2 da *Lumen Gentium*, é decisivo. A realidade carismático-pneumatológica, multiforme, com concretizações diferenciadas nas várias épocas e contextos histórico-culturais, é o referencial fundamental para a existência dos ministérios e serviços (cf. *LG*, n. 7, 18, 32; *UR*, n. 2; *AA*, n. 2, 4), cuja finalidade é "aperfeiçoar os santos em vista do ministério, para a edificação do Corpo de Cristo, até que alcancemos todos a unidade da fé e do conhecimento do Filho de Deus, o estado de homem perfeito à medida da estatura da plenitude de Cristo" (Ef 4,12-13).

Portanto, o Concílio afirma claramente a participação de todos os cristãos e cristãs nas funções régia, sacerdotal e profética de Cristo. Indo além, afirma ainda uma participação específica dos leigos e leigas (cf. *LG*, n. 31, 33-35). Encontra-se, ainda, no ditado conciliar, a afirmação de um caráter ministerial da assunção laical da missão de Cristo.

> Além deste apostolado que atinge todos os cristãos sem exceção, os leigos podem, de diversos modos, ser chamados a uma cooperação mais imediata com o apostolado da hierarquia, à semelhança daqueles homens e mulheres que ajudavam o Apóstolo Paulo no Evangelho, trabalhando muito no Senhor (cf. Fl 4,3; Rm 16,3ss.). Além disso gozam da aptidão de serem designados pela hierarquia para alguns ministérios eclesiásticos [*quaedam munera ecclesiastica*] a serem exercidos para um fim espiritual (*LG*, n. 33)[15].

Ministério é sempre um serviço bem específico que existe em vista do atendimento de necessidades também específicas, permanentes ou conjunturais na vida da Igreja. Portanto, o sacerdócio comum dos fiéis não se confunde com os ministérios laicais. Pela mesma razão, tampouco a participação no tríplice ofício de Cristo pode ser confundida com os ministérios, pois ela também é "comum". Ambos fornecem base necessária e indispensável, mas é a riqueza carismática que, acolhida eclesialmente, fornece a diversificação necessária para a pluralidade ministerial.

Os ministérios laicais não extraem sua fundamentação dos ministérios ordenados. Anteriormente ao Concílio, com relação à Ação Católica, houve uma crescente tomada de consciência de que não se tratava de uma participação no apostolado hierárquico (Pio XI), mas de uma colaboração (Pio XII) com ela. Eles não se baseiam na descentralização de tarefas do ministério ordenado. A descentralização de tarefas anteriormente agregadas ao ministério ordenado, sem que fosse exclusivamente suas pode ser oportunizada pela multiplicidade de ações requeridas no âmbito da ação evangelizadora e pela reforma eclesial em chave missionária (Igreja em saída, conversão missionária da pastoral etc.). Mas não lhe fornece consistência doutrinal e teológica. Não são delegações da hierarquia, o que pressuporia que a legitimidade dos ministérios laicais repousaria na autoridade do ministro ordenado, que lhe teria "delegado" algumas de suas funções.

A recepção/aplicação do ensinamento conciliar sobre esse tema recebeu sua primeira configuração no *Motu Proprio Ministeria Quaedam*, do Papa Paulo VI, publicado a 15 de agosto de 1972. Esse gênero de documento tem caráter predominantemente jurídico, embora sempre explicite o fundamento doutrinal sobre o qual se apoia. No caso concreto, trata-se de uma reforma e reconfiguração das assim chamadas "ordens menores". Até a terminologia modificou-se: passaram a se chamar ministério e foram reduzidas a dois, o leitorado e o acolitado, para os quais poderiam ser chamados apenas pessoas do sexo masculino. Os ministros leitores e acólitos permaneceram na condição laical. O rito litúrgico por meio do qual se confere esses ministérios chama-se instituição, daí que os ministérios sejam ditos instituídos.

Do pondo de vista do acolhimento eclesial, as disposições sobre esses ministérios instituídos ficaram, na prática, quase exclusivamente conferidos aos que se destinam ao diaconado e ao presbiterado. Porém, é inegável que, tomando inspiração nessa

---

[15] Também se pode conferir *LG* 18, 33, 37; *AA* 10, 12 e *AG* 15.

abertura ministerial, surgiu uma riqueza imensa de ministérios conferidos ou reconhecidos a homens e mulheres[16].

Esse documento de São Paulo VI é fonte do cânon 230 do Código de Direito Canônico, e modificado pelo Papa Francisco, que, no dia 11 de janeiro de 2021, publicou o *Motu Proprio Spiritus Domini*, estendendo o ministério do leitorado e acolitado também às mulheres. O primeiro parágrafo desse cânon 230 passa a ser o seguinte: "Os leigos que tenham a idade e os dons determinados por decreto da Conferência Episcopal poderão ser assumidos estavelmente, mediante o rito litúrgico estabelecido, nos ministérios de leitores e acólitos; no entanto, tal atribuição não lhes confere o direito de apoio ou de remuneração da Igreja". Essa mudança, porém, exige que a Conferência dos Bispos estabeleça normas complementares para orientar a prática desse ministério.

O mesmo Papa Francisco, prosseguindo em matéria de ministerialidade laical, publicou dia 10 de maio de 2021 o *Motu Proprio Antiquum Ministerium*, criando oficialmente o Ministério Laical de Catequista. "Fidelidade ao passado e responsabilidade pelo presente" são "condições indispensáveis para que a Igreja possa desempenhar a sua missão no mundo", afirma o Pontífice. Ele considera que, no âmbito da evangelização numa época de "imposição de uma cultura globalizada [...], é necessário reconhecer a presença de leigos e leigas que, em virtude de seu Batismo, se sentem chamados a colaborar no serviço da catequese".

A base teológica de tal ministério é aquela que se encontra nos textos conciliares. Sua existência concreta é atestada pelo próprio Concílio, o qual reconhece que os leigos e leigas "cooperam intensamente na comunicação da palavra de Deus, sobretudo pela atividade catequética" (*AA*, n. 10). A partir da eclesiologia conciliar e do valor de cada Igreja local, o Papa Francisco resume esse ensino conciliar afirmando que

> cada um dos batizados, independentemente da própria função na Igreja e do grau de instrução da sua fé, é um sujeito ativo de evangelização, e seria inapropriado pensar num esquema de evangelização realizado por agentes qualificados enquanto o resto do povo fiel seria apenas receptor das suas ações. A nova evangelização deve implicar um novo protagonismo de cada um dos batizados (*EG*, n. 120).

---

[16] Cf. ALMEIDA, A.J. *Os ministérios não ordenados na Igreja latino-americana*. São Paulo, 1989, e *Teologia dos ministérios não ordenados na Igreja da América Latina*. São Paulo, 1989. Também é útil consultar, do mesmo autor, "Novos ministérios na Igreja do Brasil", *Convergência*, set. 1990, ano 25, n. 235, p. 413-422 e "Modelos eclesiológicos e ministérios eclesiais", *Revista Eclesiástica Brasileira,* 48 (1988), p. 310-352.

CONCLUSÃO

Sobre o Concílio Vaticano II, São João Paulo II afirmou: "Sinto ainda mais intensamente o dever de indicar o Concílio como a grande graça de que beneficiou a Igreja no século XX: nele se encontra uma bússola segura para nos orientar no caminho do século que começa" (*NMI*, n. 57). Tal prognóstico se confirma no âmbito dos ministérios laicais.

Outro aspecto que as mudanças recentes promovidas pelo Papa Francisco confirmam é a da precedência pastoral das reformas eclesiais. É a missão que renova a Igreja, como o mesmo papa afirmou em seu encontro com os responsáveis pelo Conselho Episcopal Latino-Americano (CELAM) durante a Jornada Mundial da Juventude do Rio de Janeiro de 2013. "A 'mudança de estruturas' (de caducas a novas) não é fruto de um estudo de organização do sistema funcional eclesiástico, de que resultaria uma reorganização estática, mas é consequência da dinâmica da missão[17]." No caso dos ministérios laicais em geral, o Concílio recolheu os resultados da experiência e da reflexão teológica precedentes e as propôs no quadro de uma eclesiologia bem articulada. A partir daí, a prática pastoral foi a propulsora da reflexão teológica e da oficialização institucional de novos ministérios.

A oficialização/reconhecimento do Ministério de Catequistas é, portanto, um fruto que amadureceu lentamente no acolhimento do magistério conciliar. Dela se espera uma contribuição decisiva para a renovação missionária da Igreja, uma vez que a catequese de inspiração catecumenal e a serviço da Iniciação à Vida Cristã por ela promovida e acompanhada nas comunidades se inscreve entre as atividades mais caracteristicamente missionárias da Igreja no Brasil.

---

[17] Discurso aos bispos responsáveis do Conselho Episcopal Latino-Americano (CELAM) por ocasião da Reunião Geral de Coordenação, dia 28 de julho de 2013, n. 3.

CAPÍTULO

5

Pe. Patrick Brandão[18]

EDUCAR E CELEBRAR A FÉ: RITOS E MINISTÉRIO LAICAL DO CATEQUISTA A SERVIÇO DA INICIAÇÃO À VIDA CRISTÃ

---

[18] Pe. Patrick Brandão, presbítero da Diocese de Duque de Caxias-RJ, é graduado em Teologia pelo Instituto Teológico Franciscano em Petrópolis- RJ, mestre em Teologia Litúrgico-pastoral pelo Istituto di Liturgia pastorale di Santa Giustina - Pádua e doutorando pelo mesmo instituto. É articulista na *Revista de Liturgia*. Pe. Patrick defendeu a dissertação de mestrado sobre o tema dos ministérios leigos na Liturgia, e no doutorado está pesquisando acerca dos ministérios leigos e a eclesiologia do Papa Francisco. Participa do grupo de reflexão para a liturgia da CNBB. Na Diocese de Duque de Caxias é coordenador das escolas de formação ministerial, da escola diaconal e assessor da Comissão Diocesana de Liturgia.

INTRODUÇÃO

O processo de educação e celebração ritual estão intimamente ligados na catequese de inspiração catecumenal, ao ponto que educar e celebrar apresentam relação mútua no processo de iniciação. Iniciar um sujeito à fé cristã não é um processo fácil e imediato, pois demanda do sujeito que será iniciado a docilidade e a abertura para a experiência com o sagrado que lhe será apresentado e manifestado por meio da vivência religiosa.

Por iniciação entendemos aquele processo introdutório presente em quase todas as religiões mistéricas, em que o candidato vai imergindo paulatinamente na vida e nos mistérios que lhe são revelados em determinada religião, e faz com que este tenha uma nova compreensão de vida e de mundo. Para o grande antropólogo M. Eliade (2008), a iniciação é "um *conjunto de ritos e de ensinamentos* orais que implica a modificação radical do estatuto religioso e social do sujeito a ser iniciado"[19].

Assim, a fenomenologia da iniciação religiosa exige por si só que, no processo de ingresso religioso, o candidato, seja criança, jovem ou adulto, conte com o binômio pedagógico "educação-celebração". Por educação, entendemos a narração ou a explicação dos ensinamentos doutrinais da religião; por celebração, entendemos as ações rituais que nos ligam aos mistérios de uma determinada fé religiosa. Portanto, educar e celebrar são duas dimensões que se unem para determinar que o candidato seja iniciado e transformado em toda a sua existência.

Na religião cristã, os candidatos são conduzidos pelo anúncio fundamental da fé (Querigma) e pelos ritos ao mistério pascal de Jesus. No processo de Iniciação à Vida Cristã, o candidato gradualmente vai aderindo à fé no Senhor e se convertendo à lógica do Reino de Deus. Nesse processo apaixonante de encontro com a pessoa de Jesus, o sujeito transforma-se, passando, então, por um processo de desconstrução e de nova configuração existencial a partir do projeto de Jesus. Tal processo culminará na celebração dos sacramentos, visto que a "iniciação cristã é a primeira participação sacramental na morte e ressurreição de Cristo" (RICA, n. 8). Dessa forma, a mudança existencial inaugurada pelos sacramentos de iniciação será aprofundada nas relações interpessoais e no exercício da caridade no dia a dia do batizado e da batizada, já que "a catequese se relaciona com a liturgia e com a caridade para evidenciar a unidade constitutiva da nova vida emanada do Batismo" (cf. DC, n. 1).

No processo de iniciação cristã ninguém se torna cristão sozinho. Em vista disso, toda comunidade cristã deve ser iniciática, ou seja, é ela quem vai acolher e acompanhar o candidato no caminho da fé e na sua progressão na vida comunitária. Nossos bispos recordam-nos que "a comunidade inteira precisa se responsabilizar, transformando-se em casa de Iniciação à Vida Cristã" (CNBB, Doc. 107, n. 50). Assim sendo, a comunidade cristã torna-se a primeira ministra no serviço tão importante

---

[19] ELIADE, M. *Muerte e iniciaciones místicas*. La Plata: Terramar, 2008, p. 7-8. [Grifos nossos.]

e fundamental de iniciar homens e mulheres, crianças e jovens, adultos e idosos no mistério pascal de Jesus. Em outras palavras, o Diretório para a Catequese afirma que a "comunidade cristã é a responsável pelo ministério da catequese, mas cada um conforme a sua condição particular na Igreja: ministros ordenados, pessoas consagradas, fiéis leigos" (DC, n. 111).

Muitos são os ministros e ministras, leigos e leigas, que se colocam a serviço da Iniciação à Vida Cristã. Nesse sentido, nos debruçaremos, no presente capítulo, no precioso serviço do Ministério de Catequista, que está à serviço da Iniciação à Vida Cristã na ótica do binômio educar-celebrar.

1. O CATEQUISTA: ANUNCIADOR E MINISTRO LITÚRGICO NO INÍCIO DA COMUNIDADE CRISTÃ

Na Igreja antiga podemos encontrar alguma *forma germinal* (cf. *AM*, n. 1) do ministério eclesial do catequista naqueles que eram chamados mestres e doutores. Desde o início da vida cristã, tanto homens como mulheres exerceram serviços eclesiais particulares na comunidade cristã, sendo alguns como ministros ordenados e outros como evangelistas, profetas, mestres ou doutores[20].

Em *AM* n. 1, é recordado que o ministério dos chamados "mestres"/"doutores" seria a forma mais primitiva de ser dos catequistas, como é afirmado em 1Cor 12,28-31. Nesse texto, os ministérios e serviços estão intimamente ligados ao Corpo de Cristo e a sua constituição; logo, o serviço do catequista nasce da necessidade da comunidade e existe para suprir uma necessidade pastoral específica. Nessa perspectiva, o biblista M. Carrez afirma que Paulo "quis restabelecer a audiência dos três grandes ministérios (1Cor 12,28): apóstolo, profeta e doutor, e restituir aos carismas o seu papel, isto é, o de contribuir para a edificação da comunidade, sublinhando a orientação missionária da Igreja (1Cor 14,3.9.12.26; 2Cor 10,8; 12,19)"[21].

Compreendemos, então, que o serviço dos mestres/doutores destina-se à ação missionária na Igreja primitiva, e, assim, está ligado ao múnus do anúncio da palavra de Deus. Esses indivíduos tinham a função de catequistas, como é anotado em 1Cor 14,26:

> Quando estiverdes reunidos, cada um dos presentes poderá entoar um salmo, transmitir um ensinamento, uma revelação, falar em línguas e interpretar. Que tudo se faça em vista da edificação!

---

20 Cf. FISICHELLA, R. *Il ministero di catechista*. In: PAPA FRANCISCO. *Lettera Apostólica in forma di "Motu Proprio" Antiquum Ministerium*. Commento di FISICHELLA, R. & MILITELLO, C. Citta del Vaticano: LEV; Milano: Edizioni San Paolo, 2021, p. 25.

21 CARREZ, M. As epístolas aos coríntios. In: CARREZ, M.; DORNIER, P.; DUMAIS, M. & TRIMAILLE, M. *As cartas de Paulo, Tiago, Pedro e Judas*. São Paulo: Paulinas, 1987, p. 85.

É importante ressaltarmos nesse texto o uso do verbo catequizar ("ensinamento"/"catequese"), pois para o apóstolo o uso do verbo catequizar está associado unicamente a um determinado ensinamento sobre o conteúdo da fé. Embora o verbo catequizar, de modo geral, tenha sido evitado no ambiente judaico, ele é empregado por Paulo para mencionar a instrução que estivesse fundamentada no Evangelho[22].

Ainda, vale mencionarmos que a trilogia "apóstolos, profetas e doutores" não se tratava de ministérios específicos rigidamente distintos em modo hierárquicos, mas, segundo Enrico Cattaneo (2012), pesquisador em teologia patrística e história da liturgia, a importância que esses serviços exerceram na comunidade cristã nascente era muito mais em relação ao carisma do que um ministério bem delineado, ao ponto que muitos desses carismas foram exercidos posteriormente por presbíteros e bispos[23].

Entretanto, o mesmo pesquisador, ao tratar dos carismas, atesta que alguns leigos (catequistas) exerceram seu ministério, como, por exemplo, é relatado no texto *Paixão de Perpétua e Felicidade*, diário escrito por Santa Perpétua dentro da prisão antes do seu martírio: o exemplo de um leigo catequista, Sátiro, que, além de instruir alguns catecúmenos na fé, vai ao encontro de cinco catecúmenos até mesmo na prisão e depois sofrem juntos o martírio[24] .

Além desse relato, há outro texto até mais eloquente ao tratar da função ministerial do catequista, o da Tradição Apostólica, em que se afirma que, além da instrução em preparação para a celebração dos sacramentos, o catequista leigo também poderá cumprir um gesto litúrgico, conforme anota o texto patrístico: "O catequista, após a prece, imporá a mão sobre os catecúmenos, rezará e os dispensará, quer seja um clérigo ou um leigo, o que prega a doutrina assim o fará"[25].

Assim, podemos afirmar, mesmo que com reticências, que o serviço carismático do catequista nasce do "carisma de mestre" que era exercido por ministros ordenados e leigos como um serviço de anúncio da Palavra, também litúrgico, em favor da Iniciação à Vida Cristã na comunidade de fé. Com o passar do tempo, esse serviço foi, aos poucos, desaparecendo para os ministros leigos e foi sendo incorporado ao ministério ordenado. Ademais, com o "desaparecimento" do catecumenato em razão do batismo de crianças, percebemos um paulatino desaparecimento das grandes catequeses pós-batismais e das instruções pré-batismais.[26]

---

[22]Cf. FISICHELLA, R. Il ministero di catechista. In: PAPA FRANCISCO. *Lettera Apostólica in forma di "Motu Proprio" Antiquum Ministerium*. Commento di FISICHELLA, R. & MILITELLO, C. Citta del Vaticano: LEV; Milano: Edizioni San Paolo, 2021, p. 27.

[23]CATTANEO, E. (Org.). *I ministeri nella chiesa Antica*: testi patristici dei primi tre secoli. Milano: Paoline, 2012, p. 91-92.

[24]Ibidem, p. 87.

[25]TRADIÇÃO APOSTÓLICA. *Liturgia e catequese em Roma no século III*. Petrópolis: Vozes, 2004, p. 60.

[26]Cf. MILITELLO, C. La riforma dei ministeri nel solco del concilio. In: PAPA FRANCISCO. *Lettera Apostólica in forma di "Motu Proprio" Antiquum Ministerium*. Commento di FISICHELLA, R. & MILITELLO, C. Citta del Vaticano: LEV; Milano: Edizioni San Paolo, 2021, p. 70.

Portanto, como percebemos, o Ministério de Catequista se apresenta desde o início da comunidade cristã como um ministério exercido, também, pelos leigos que transmitiam com alegria, ousadia e paixão o dom do Evangelho de Cristo, em alguns casos davam a própria vida como testemunho do Reino, além disso, como verdadeiro ministério eclesial recebiam um envio, quer para o anúncio da Palavra, quer para presidirem celebrações de bênçãos aos catecúmenos. Isto nos leva a identificar que o catequista, desde a sua origem, é configurado como ministro do anúncio e da liturgia.

2. O MINISTÉRIO DE CATEQUISTA NO RITUAL DE INICIAÇÃO À VIDA CRISTÃ (RICA)

Com a celebração do Concílio Vaticano II (1962-1965), a Igreja abriu-se a diversas frontes de renovação. Dentre elas está também a Liturgia e o âmbito missionário. O documento *Sacrosanctum Concilium* (*SC*), no n. 64, orienta que "seja restabelecido o catecumenato dos adultos, dividido em graus" e, além disso, destaca ainda que o tempo do catecumenato, que é um tempo próprio para a Instrução, seja "santificado com ritos sagrados a ser celebrados em tempos sucessivos".

Assim, o catecumenato é reproposto como um novo caminho para uma catequese que está a serviço da Iniciação à Vida Cristã. Com isso, a catequese não se limita apenas ao uso frontal de catecismos – principalmente no decorar perguntas e respostas –, mas torna-se uma catequese de inspiração catecumenal, um caminho de entrada gradual na comunidade de fé e de experiência com Jesus. O texto da *SC* n. 64 menciona de "restabelecer" o catecumenato justamente porque com o movimento patrístico se redescobriu a beleza do caminho catecumenal para a Igreja. Assim, recuperam-se numerosos elementos presentes na Tradição Apostólica e nos antigos livros litúrgicos, que são readaptados para a nossa práxis pastoral e celebrativa[27].

No âmbito missionário, o Concílio Vaticano II, por meio do decreto *Ad Gentes* (*AG*), abre ainda mais o leque de reflexão sobre a função pastoral e litúrgica do processo de inspiração catecumenal, quando afirma que o catecumenato

> não é mera exposição de dogmas e de preceitos, mas uma formação de toda a vida cristã e uma aprendizagem efetuada de modo conveniente, por cujo meio os discípulos se unem com Cristo seu mestre. Por conseguinte, sejam os catecúmenos convenientemente iniciados no mistério da Salvação, na prática dos costumes evangélicos e com ritos sagrados, a celebrar em tempos sucessivos, sejam introduzidos na vida de fé, da liturgia e da caridade do povo de Deus (*AG* 14).

Deste modo, é evidente que o processo de inspiração catecumenal precisa não apenas do conteúdo da fé, mas também de uma experiência celebrativa que conduza o candidato ou catecúmeno a uma experiência com Deus, por intermédio de uma prática celebrativa

---

[27]Cf. BUA, P. *Battesimo e confermazione*. Bréscia: Queriniana, 2016, p. 447-448.

57

equilibrada. O Ritual de Iniciação à Vida Cristã de Adultos (RICA)[28] nasce justamente com esse intuito, não se limitando apenas ao âmbito litúrgico, por mais que seja um ritual. Podemos afirmar, então, que o RICA é um itinerário litúrgico, pastoral e missionário que dá orientações claras quanto ao tempo, à celebração, ao modo e aos ministérios.

Assim, o catequista, como ministro à serviço da iniciação cristã, deve, além de ser um grande anunciador da Palavra de Deus, ser alguém que sabe presidir com arte uma celebração litúrgica, pois o itinerário catequético de inspiração catecumenal traz alguns desafios no âmbito litúrgico, a saber:

> unir anúncio de Jesus, oração, liturgia e vida cristã; introduzir na escuta da Palavra e na participação ativa na liturgia; ajudar a preparar a celebração dos ritos (com a equipe de liturgia e com os catequizandos), ajudar na sua realização e ressonância; articular catequese e ano litúrgico; auxiliar na mistagogia dos temas litúrgicos; implementar a preparação próxima para os sacramentos de iniciação e sua celebração; colaborar na realização do tempo de mistagogia[29].

O período da evangelização, marcado fortemente pelo anúncio do querigma, é "uma explanação do Evangelho aos candidatos" (RICA, n. 11), em que, além do catequista narrar o seu encontro com Jesus, para fazer com que o simpatizante[30] se abra ainda mais à fé, ele deverá preparar encontros acolhedores e espontâneos (cf. RICA, n. 12). Apontamos, no entanto, que, dentro desse processo de acolhida e introdução, a participação na liturgia deverá ser gradual. Talvez esse tempo deva ser marcado pela valorização de alguns elementos celebrativos e por uma boa proclamação da Palavra de Deus, por meio de ações como: a preparação do ambiente em que será colocado o livro da Palavra de Deus, a escolha do hino ou refrão que poderá preceder a proclamação, o breve momento de silêncio diante da Palavra, o uso de flores ou velas próximo ao local onde estará o Livro da Palavra e o bom uso do tom de voz na proclamação.

Além da proclamação da Palavra, as orações de forma simples e espontâneas poderão ser usadas por parte dos catequistas. O ponto central da experiência é a

---

[28]Cf. *RITUAL ROMANO, renovado por Decreto do Concílio Ecumênico Vaticano II, promulgado pelo Papa Paulo VI.* RITUAL DA INICIAÇÃO CRISTÃ DE ADULTOS. São Paulo: Paulus, 2009. Para aplicar o pedido do concílio "O *iter* redacional do ritual batismal para os adultos dura de 1965 a 1971 e pode se valer, além dos numerosos estudos de caráter histórico, também da experiência dos centros de catecumenatos em ação nos países de missão e em algum país europeu (por exemplo, na França). A atenta consideração da mais antiga tradição litúrgico-pastoral e a escuta direta dos operadores missionários permitem que o Ritual de Iniciação Cristã de Adultos, promulgado no dia 6 de janeiro de 1972, se configure como livro litúrgico atento não somente às coordenadas teológicas e litúrgicas, mas também às problemáticas pastorais". CASPANI, P. *Renascer da água e do espírito*: batismo e crisma, sacramentos da Iniciação Cristã. São Paulo: Paulinas, 2013, p. 276.

[29] ORMONDE, D. Catequese de Iniciação à vida Cristã. In: *Revista de Liturgia*. São Paulo, ano 46, v. 273, p. 18, mai/jun. 2019.

[30]O RICA chama, inicialmente, no pré-catecumenato, a pessoa interessada no caminho de iniciação à vida cristã de candidato (cf. RICA, n. 11), pois ainda não celebrou a sua entrada no catecumenato, e mais costumeiramente de Simpatizante (Cf. RICA, n. 12-13).

"relação pessoal com Deus em Cristo" que os simpatizantes são incentivados a fazer ou a refazer novamente[31], pois alguns podem ter se afastado no passado por algum motivo pessoal.

> Nos encontros e conversas de anúncio essa relação pessoal acontece pelo "silêncio orante" e pelo acolhimento da oração espontânea do catequista de modo especial no final do encontro, sempre baseada na Palavra de Deus. Em casa, aí sim, os simpatizantes fariam as suas próprias orações espontâneas baseadas, por sua vez, no anúncio recebido e na vida[32].

Os simpatizantes ingressam no período do catecumenato após a celebração de entrada na comunidade, tornando-se catecúmenos[33], e passam, a partir desse momento, a um longo período de aprofundamento na fé. O período do catecumenato é o período no qual se aprofundam os pontos centrais da fé cristã, mas os encontros não poderão ser apenas encontros formais com conteúdos, pois se aproximariam do ambiente escolar ou acadêmico.

Por isso, o RICA sugere algumas celebrações, por exemplo: Celebrações da Palavra de Deus (n. 100; 106-108); Exorcismos menores (n. 101; 109-118); Bênção dos catecúmenos (n. 102; 119-124); As entregas do Símbolo (n. 125-126; 181-187) e da Oração do Senhor (n. 125-126; 188-192), que poderão ser adiantadas para este tempo; Unção dos catecúmenos (n. 127-132), presidida pelo diácono ou presbítero.

A celebração da Palavra de Deus "faz memória do mistério pascal de Cristo, morto e ressuscitado"[34], por isso é um meio eficaz de inserir o catecúmeno na participação ativa da liturgia. São três suas finalidades principais: "a) gravar nos corações dos catecúmenos o ensinamento recebido quanto aos mistérios de Cristo a maneira de viver [...]; b) levá-los a saborear as formas e as vias de oração; c) introduzi-los pouco a pouco na liturgia de toda a comunidade" (RICA, n. 106).

O ritual oferece-nos um breve roteiro celebrativo que poderá ser adaptado de acordo com cada grupo, levando em consideração o tempo litúrgico (cf. RICA, n. 100): Canto apropriado, leituras e salmos responsoriais, breve homilia e ritos conclusivos (poderá ser um exorcismo menor seguido de uma bênção ou apenas uma bênção). A brevidade da celebração é justamente para abrir margem para as adaptações que deverão ser feitas sempre dentro do que é permitido pelos livros litúrgicos e por uma autêntica celebração litúrgica.

---

[31]Cf. ORMONDE, D. Introdução gradativa à oração. *Revista de Liturgia*. São Paulo, ano 47, v. 277, p. 23, jan./fev. 2020.

[32]Idem.

[33]RICA, n. 17: "Depois da celebração do Rito, sejam oportunamente anotados em livro próprio os nomes dos catecúmenos, com a indicação do ministro, dos introdutores e dia e lugar da admissão".

[34]CONFERÊNCIA NACIONAL DOS BISPOS DO BRASIL. *Ministério e celebração da Palavra*. Brasília: Edições CNBB, 2019 (Documentos da CNBB, 108), n. 41.

As bênçãos e os primeiros exorcismos poderão ser feitos pelo catequista "cuja função é importante para o progresso dos catecúmenos e o desenvolvimento da comunidade; terão, sempre que possível, parte ativa nos ritos [...] delegados pelo bispo; podem fazer os exorcismos menores e dar bênçãos de que tratam os nn.113-124" (RICA, n. 48). Tais bênçãos e orações de exorcismos poderão ser feitas no final do encontro; porém, é importante lembrarmos que não se trata de ritos passíveis de improvisação, dado que não podemos correr o risco de perdermos o seu significado profundo. Já no início da vida cristã, os catequistas impunham as mãos e davam bênção aos catecúmenos, como vimos na Tradição Apostólica, que o RICA n. 119-121 retoma, com uma riqueza de sinais sensíveis, o dom da bênção dado pelo catequista: Quem preside convida os presentes para a oração (-Oremos-), faz um silêncio (deverá ele mesmo que está presidindo com o gesto de fechar os olhos ou inclinar a cabeça ajudar os presentes a entrarem em clima orante), estendendo as mãos na direção dos catecúmenos, reza com voz forte a súplica de bênção e sugere que, ao término da oração, quem preside, imponha as mãos em cada catecúmeno.

Por isso, faz-se necessário que na formação do catequista seja incluída a arte celebrativa, com laboratórios e vivências do rito, para que os mesmos possam entender o sentido, a lógica do programa ritual, as expressões corporais e eucológicas, isto é, os textos das orações propostas nas ações celebrativas.

Após o tempo do aprofundamento, é feita a celebração de eleição, no início da quaresma (cf. RICA, n. 133-151), e os catecúmenos passam a serem chamados de eleitos[35]. Dada a importância dessa celebração, quem a preside é o próprio bispo ou seu representante (cf. RICA, n. 138); na maioria das paróquias os representantes são os presbíteros ou, até mesmo, alguns leigos e leigas catequistas. Com a celebração de eleição, começa o tempo de purificação e iluminação, dentro do tempo quaresmal, no 3º, 4º e 5º domingos da quaresma, sempre utilizando as leituras do ano A (cf. RICA, n. 159). A comunidade é convidada a participar da celebração, que deve ser presidida pelo presbítero ou pelo diácono, mas sabemos que em muitos territórios de missão, com a falta de ministros ordenados e as distâncias entre as paróquias, os bispos autorizam os catequistas a presidirem tal celebração.

Após a celebração dos sacramentos de Iniciação à Vida Cristã, não termina o Ministério de Catequista. Este poderá prolongar-se, com apoio dos padrinhos, em alguns encontros sobre a vivência mistagógica dos três sacramentos de Iniciação à Vida Cristã, vivendo, assim, o tempo da mistagogia[36] (cf. RICA, n. 37-40; 369, 1-4). Nesse período, os neófitos[37] ou crismados vão partilhando suas experiências e os catequistas

---

[35]RICA, n. 24: "A partir do dia de sua eleição e admissão, os candidatos são chamados 'eleitos' [...] chamam-se ainda 'iluminados' porque o Batismo é denominado 'iluminação'".

[36]Vem do grego *Myst* – que indica o mistério – e *agagein*, guiar. Mistagogia é conduzir ao mistério e mistagogo é a pessoa (ex. o catequista, o presbítero etc.) que conduz alguém ao mistério.

[37] Neófito – *neos* (novo) e *Phyo* (chegar a ser), significa recém-nascido. Logo, é a pessoa que acaba de renascer em Cristo pelos sacramentos de iniciação cristã.

vão mostrando, a partir do rito e da Palavra de Deus, a experiência que os mesmos fizeram com Cristo ressuscitado por meio da celebração dos sacramentos, e mostrando qual será a missão de cada batizado daquele momento em diante. O Itinerário catequético nos apresenta, ainda, uma celebração de envio missionário com o objetivo de "enviar para o serviço à comunidade eclesial e à sociedade, como discípulo missionário, em vista do permanente amadurecimento da fé"[38].

Enfim, percebemos como o Ministério de Catequista é importantíssimo para o crescimento gradual das pessoas que se dispõem a fazerem a experiência da Iniciação à vida Cristã. Assim, o catequista como testemunha da fé e mistagogo vai pedagogicamente ajudando a pessoa através do itinerário catecumenal a amadurecer a própria conversão e a dar razões da própria adesão de fé pessoal e comunitariamente.

Portanto, no primeiro anúncio, o catequista, juntamente com o introdutor, é convidado a ser aquele que acolhe com alegria o simpatizante na comunidade cristã ajudando-o a se converter e a se encontrar com Jesus; após este período, no segundo tempo, o catequista acompanha o catecúmeno a aprofundar a fé e a conversão a partir dos conteúdos da fé e da celebração ritual ao longo do Ano Litúrgico; em seguida, o catequista, no terceiro tempo, ajuda o eleito a mergulhar, através das práticas quaresmais, no mistério de Jesus, deixando-se purificar e ser iluminado pela presença da sua Palavra. Por fim, após a celebração dos sacramentos de iniciação, o catequista ajuda os neófitos a aprofundarem vivencialmente o mistério pascal de Cristo vivido dos sacramentos celebrados e na vivência da comunidade de fé.

3. VIA CONCLUSIVA: O MINISTÉRIO DE CATEQUISTA PARA UMA IGREJA EM SAÍDA

Sabendo da importância do Ministério de Catequista para a vida da comunidade eclesial, o Papa Francisco criou, no dia 10 de maio de 2021, o ministério instituído do catequista, com o *Motu Proprio "Antiquum Ministerium"*. Tal instituição faz com que o catequista seja visto como ministro estável na comunidade cristã. Em *AM*, n. 6, Francisco chama a atenção para a dimensão vocacional do ministro/a que é escolhido por Deus, eleito pela comunidade e formado para transmitir a fé como "testemunha da fé, mestre e mistagogo, acompanhante e pedagogo que instrui em nome da Igreja".

O ministério instituído de catequista ajuda a Igreja a entender que o seu caminho é o da descentralização, de uma comunidade ministerial e missionária (cf. *AM*, n. 7) que deve exercer a sua função de proximidade transmitindo a alegria de ter encontrado o Senhor vivo e ressuscitado. Assim, as mulheres e os homens que são chamados para este ministério específico não substituem os ministros ordenados ou os religiosos/as, mas

---

[38]COMISSÃO EPISCOPAL PARA A ANIMAÇÃO BÍBLICO-CATEQUÉTICA. *Itinerário catequético: iniciação à vida cristã* – Um processo de inspiração catecumenal. Brasília: Edições CNBB, 2015, p. 77.

61

exercem de maneira específica este ministério na Igreja e no mundo ajudando no grande projeto de sermos uma Igreja sinodal e em saída.

Deste modo, impõem-se alguns desafios para a Igreja, além da descentralização, pois só será possível o exercício desse ministério com uma formação adequada, que não se limite apenas à via intelectual, mas que seja plena em todas as dimensões; isto é, humana, espiritual, intelectual e pastoral-missionária. Pois, certamente, tais dimensões deverão ser desdobradas no novo itinerário de formação para catequistas elaborado pela comissão episcopal Bíblico-Catequética da CNBB, as sugestões dadas são um guia seguro e rico para que as dioceses possam reorganizar a formação para o Ministério de Catequista para que o catequista possa **Ser ministro** *da palavra,* **Saber dar testemunho** *da fé com conteúdo e* **Saber fazer os encontros** *com pedagogia e metodologia catequética como um verdadeiro mestre e mistagogo*[39].

Os desafios da cultura urbana são grandiosos e o itinerário formativo dos catequistas deverá prepará-los para uma catequese "querigmática e mistagógica" para que hoje da boca dos ministros catequistas volte a ecoar sempre o primeiro anúncio: "Jesus Cristo ama-te, deu a sua vida para te salvar, e agora vive contigo todos os dias para te iluminar, fortalecer, libertar" (*EG*, n. 164). Essa atualização do anúncio feliz do mistério pascal de Jesus deve chegar nas casas e nos prédios, nas ruas, nas avenidas e nos becos, nos meios de comunicação social etc.

O projeto de uma Igreja em saída, no âmbito da catequese, não se limita apenas à transmissão dos conteúdos da fé, mas faz-se na necessidade de redescobrir a experiência mistagógica da fé através da beleza da ação ritual, pois nos encontros de Iniciação à Vida Cristã o encontro deve perpassar, também, para a via da experiência sensível e simbólica ajudando o indivíduo que está sendo iniciado em uma inserção gradual no caminho comunitário (cf. *EG*, n. 166).

Portanto, percebemos como a dinâmica do educar na fé com os seus conteúdos está entrelaçada com a celebração da fé dentro de todos os quatro tempos do itinerário de Iniciação à Vida Cristã. Também notamos, que a liturgia encontra o seu lugar como fonte e ponto alto para a fé da Igreja (cf. *SC*, n. 10). Assim, concluímos que o Ministério de Catequista é um ministério não só do anúncio da Palavra e do acompanhamento, mas é também um ministério litúrgico.

---

[39]Cf. COMISSÃO EPISCOPAL PARA A ANIMAÇÃO BÍBLICO-CATEQUÉTICA. *Critérios e itinerários para a instituição do Ministério de Catequista.* Brasília: Edições CNBB, 2021, p. 27-33.

CAPÍTULO
6

Ir. Sueli da Cruz Pereira[40]

COMO SERÁ A FORMAÇÃO DOS QUE SERÃO INSTITUÍDOS NO MINISTÉRIO LAICAL DE CATEQUISTA?

[40]Religiosa da Congregação das Irmãs Dimesse Filhas de Maria Imaculada. Doutora em Teologia Sistemático-Pastoral pela Pontifícia Universidade Católica do Rio de Janeiro. É membro do GREBICAT (Grupo de Reflexão Bíblico-catequética da CNBB) e da SBCat (Sociedade Brasileira de Catequetas).

INTRODUÇÃO

O lançamento da Carta Apostólica *Antiquum Ministerium* (*AM*) fomentou muita curiosidade e inquietações no âmbito prático da instituição no Ministério Laical de Catequista, principalmente no que se refere aos critérios e ao itinerário formativo para a realização da mesma, visto que o estabelecimento desta parte ficou delegado às Conferências Episcopais.

O presente texto quer apresentar, em síntese, como será a formação dos que serão instituídos no Ministério Laical de Catequista, a partir do subsídio orientativo da CNBB[41], de 2021, elaborado pela Comissão Episcopal para a Animação Bíblico-Catequética, que propõe tais critérios e itinerários formativos.

Chegaremos aos critérios e itinerários formativos após delinearmos alguns pressupostos para a necessária formação de catequistas, como também veremos, antes, alguns fundamentos bíblicos que respaldam tal necessidade.

1. PRESSUPOSTOS PARA A NECESSÁRIA FORMAÇÃO DE CATEQUISTAS

Ao instituir o Ministério Laical de Catequista, Papa Francisco, na Carta Apostólica *Antiquum Ministerium*, designa as conferências episcopais como responsáveis pelo estabelecimento de itinerários formativos e critérios normativos para aqueles que terão acesso ao mesmo (cf. *AM*, n. 9). Assim, a CNBB já deu alguns passos com a contribuição dos assessores da Comissão Episcopal para a Animação Bíblico-Catequética na elaboração de critérios e itinerários que já foram apresentados e aprovados pelos bispos, membros da instância que têm essa missão.

Para muitos, o recebimento da notícia acerca da instituição do Ministério Laical de Catequista foi um grande avanço na reflexão teológica-pastoral, pois confirma a reflexão sobre a temática desenvolvida em diversos documentos. Porém, para que o ministério se torne realidade em todos os seus aspectos, é necessária uma compreensão de que não será suficiente apenas a realização do rito de instituição, mas que, para chegar a ele, a Igreja nos convida à vivência de um processo no qual os catequistas passem por uma formação integral, a partir de uma resposta vocacional.

Em diversas dioceses da Igreja no Brasil há um reconhecimento da missão dos inúmeros catequistas, e em sua maioria mulheres, que anunciam Jesus Cristo, e muito contribuem na evangelização. São iniciativas louváveis, que após um processo formativo e experiencial, os catequistas são enviados, investidos, reconhecidos, e muitas outras palavras são utilizadas pelas dioceses para demonstrar a importância desse ministério que, agora, passa a ser um ministério instituído, a partir de um rito próprio. Para ser um catequista instituído como ministro é preciso primeiramente cumprir alguns requisitos:

---

41 Cf. COMISSÃO EPISCOPAL PASTORAL PARA A ANIMAÇÃO BÍBLICO-CATEQUÉTICA DA CNBB. *Critérios e itinerários para a Instituição do Ministério de Catequista*. Brasília: Edições CNBB, 2021.

> Convém que, ao ministério instituído de Catequista, sejam chamados homens e mulheres de fé profunda e maturidade humana, que tenham uma participação ativa na vida da comunidade cristã; sejam capazes de acolhimento, generosidade e vida de comunhão fraterna; recebam a devida formação bíblica, teológica, pastoral e pedagógica, para ser solícitos comunicadores da verdade da fé, e tenham já maturado uma prévia experiência de catequese (CD, n. 14; CIC, cân. 231, §1; CCEO, cân. 409, §1). Requer-se que sejam colaboradores fiéis dos presbíteros e diáconos, disponíveis para exercer o ministério onde for necessário e animados por verdadeiro entusiasmo apostólico (*AM*, n. 8).

Dentre os requisitos, queremos destacar a solicitação para uma devida formação. Muitos documentos anteriores apontam para a formação como um dos critérios necessários para ser catequista, ressaltando a importância desse serviço essencial na vida e na missão da Igreja. Já em 1990, o Documento de Estudo da CNBB, n. 59, cujo título é *Formação dos catequistas*, traçou as dimensões e os conteúdos essenciais para essa finalidade, oferecendo para a Igreja no Brasil uma proposta formativa sólida. O Documento, que vinha na linha das reflexões anteriores acerca da catequese, já sugeria a possibilidade da instituição oficial do Ministério de Catequista (cf. CNBB, Est. 59, n. 18). Outro Documento de Estudo da CNBB é o 95, de 2007, sobre o *Ministério de Catequista*. Ele apresenta uma reflexão sistemática ainda muito atual acerca do Ministério de Catequista. Nele também se realça a importância da formação para que haja a instituição do Ministério de Catequista.

A formação dos catequistas sempre foi uma prioridade na Igreja. O Diretório para a Catequese (2020) afirma que "a formação tem por finalidade, antes de tudo, conscientizar os catequistas de que são, como batizados, verdadeiros discípulos missionários, ou seja, sujeitos ativos da evangelização" (DC, n. 132). O itinerário formativo proposto para a Igreja no Brasil, para aqueles que serão instituídos no Ministério de Catequistas, está em plena sintonia com este atual documento.

O Diretório para a Catequese dá continuidade à proposta de formação de documentos anteriores, que delineiam as diversas dimensões da formação dos catequistas, destacando as dimensões do ser, do saber e do saber fazer do catequista. Na *dimensão do ser* do catequista sublinha-se a formação através da qual pode se tornar testemunha da fé e guardião da memória de Deus. Esta dimensão refere-se ao nível de interioridade que abrange formação humana e espiritual. A *dimensão do saber* integra a formação bíblico-teológica e conhecimento da pessoa humana e do contexto social. Sendo também responsável pela transmissão da fé da Igreja, o catequista em sua formação precisa dar espaço ao aprofundamento e ao estudo da mensagem a ser transmitida em relação ao contexto cultural, eclesial e existencial do interlocutor. Assim, o *saber* do catequista, refere-se a toda a formação mais sistemática em relação aos conteúdos da fé a serem transmitidos, como também do contexto sociocultural no qual o catequista está inserido. E por fim, a *dimensão do saber fazer*, que se refere à formação pedagógica e metodológica para um desenvolvimento de sua missão (cf. DC, n. 132; 139; 143).

As três dimensões citadas estão interligadas e são interdependentes. Uma formação que as contemple poderá contribuir para que aqueles que a receberem possam assumir com propriedade a sua vocação e missão como catequistas. O itinerário formativo proposto para a Igreja no Brasil evidencia a formação integral e considera seus diversos aspectos: humana, espiritual, teológica, pastoral, missionária etc., evitando, assim, uma formação meramente intelectual.

No itinerário formativo são elencadas algumas considerações que, em síntese, nos recordam que:

a) Ser catequista é uma resposta vocacional.

b) Ser catequista é viver a vocação batismal numa missão específica e de fundamental importância na Igreja.

c) O Ministério Laical de Catequista é coroamento de um processo, de uma caminhada que o catequista se dispôs a fazer para se colocar a serviço.

d) Todo o processo formativo seja vivenciado a partir do modelo e dos elementos da inspiração catecumenal.

e) Há necessidade de uma formação integral.

f) O processo formativo tenha como meta formar sujeitos eclesiais, discípulos missionários.

g) Os encontros não sejam apenas em formatos de palestras, mas que possam ser diversificados através de vivências que levem à experiência.

h) A Palavra de Deus deve ser iluminadora de todo o processo formativo.

i) Tenha presente os temas atuais como as dimensões socioambientais da fé cristã, como também a cultura digital e toda sua relevância para a evangelização hoje.

j) Se dê atenção à Doutrina Social da Igreja.

Tendo elencado alguns pressupostos para a formação de catequistas, procuraremos apresentar alguns fundamentos bíblicos para uma adequada formação de catequistas em vista da instituição como ministros.

2. A FORMAÇÃO DE DISCÍPULOS MISSIONÁRIOS NO NOVO TESTAMENTO

Como vimos anteriormente, a formação é um dos requisitos de suma importância para a instituição no Ministério de Catequistas. Encontramos no Novo Testamento diversas pessoas que fizeram uma experiência de encontrar-se com Jesus, de conhecê-lo, para depois anunciá-lo: os Doze, a Samaritana, Maria Madalena etc. Até mesmo Paulo, que não conviveu diretamente com Jesus, fez de outro modo essa mesma experiência, recebendo também dos Doze uma devida formação, embora fosse especialista na Lei. Queremos afirmar com isso que estes personagens passaram por um momento formativo, tendo Jesus como Mestre e Senhor, e se tornaram anunciadores da Boa-nova.

No texto de Mc 3,13-19 salta aos nossos olhos que o primeiro passo no chamado vocacional dos Doze foi "ficar com Jesus" (v. 14). Ao ficar com Jesus, os discípulos tiveram a incrível possibilidade de aprender diretamente dele, a partir de seu testemunho e de seus ensinamentos, como ser verdadeiros discípulos missionários.

Ficando com o Mestre, como vemos ao longo dos evangelhos, os Doze reconheceram quem era Jesus e assim também se reconheceram como pessoa e foram valorizados apesar da situação social e política na qual a maior parte deles se encontrava. Aprenderam a viver os valores do Reino como o amor ao próximo, a gratuidade, a simplicidade, a generosidade, a partilha, a oração etc.

Após a ressurreição de Jesus, os discípulos foram enviados a anunciar o Evangelho. Esse anúncio consistia por excelência na proclamação do querigma: a vida, a morte e a ressurreição de Jesus. Também Paulo o fez em diversos lugares, especialmente entre os gentios, dos quais muitos aderiam a Jesus. Em muitas partes de suas cartas esse anúncio querigmático é retomado, fazendo com que seja sempre recordado o fundamento da adesão a Jesus Cristo.

A fé sempre foi transmitida ao longo da história da Igreja. Muitos foram os catequistas que assumiram sua vocação batismal e testemunharam e anunciaram aquilo que receberam. Em cada época e lugar a necessidade da formação desses anunciadores, educadores, transmissores da fé, sempre foi necessária. Para que o mesmo anúncio querigmático e seu aprofundamento cheguem aos corações das pessoas de forma eloquente, é preciso primeiramente que o catequista vivencie uma profunda experiência de encontro com o Mestre, assim como os personagens anteriormente citados. Com o objetivo de formar autênticos catequistas, que percorrendo um processo formativo cheguem ao Ministério de Catequistas, a Igreja no Brasil propõe um itinerário que vislumbra possibilitar essa formação integral e vivencial como a dos primeiros discípulos.

3. SOBRE OS ITINERÁRIOS FORMATIVOS E CRITÉRIOS NORMATIVOS

Iniciemos nossa reflexão a partir dos critérios propostos para a Igreja no Brasil que são de ordem prática, considerando que os catequistas tenham[42]:

a) Pelo menos 20 anos de idade, sendo esta a condição para a recepção do ministério. No entanto, isso não impede que o catequista comece a atuar antes dos 20 anos.

b) No mínimo entre quatro e cinco anos de atuação na catequese.

c) Participado de alguma formação básica oferecida pela paróquia, diocese ou outra instância.

d) Sido confirmados pelo pároco e instâncias paroquiais acerca da Iniciação à Vida Cristã (IVC).

---

[42] Cf. COMISSÃO EPISCOPAL PASTORAL PARA A ANIMAÇÃO BÍBLICO-CATEQUÉTICA DA CNBB. *Critérios e itinerários para a Instituição do Ministério de Catequista*. Brasília: Edições CNBB, 2021, p. 19-20.

É necessário o cumprimento conjunto desses quatro critérios mínimos, que possibilitarão o acesso ao ministério àqueles que têm uma experiência vivencial, prática, no âmbito da catequese. Isso impedirá que pessoas que tenham apenas um dos critérios sejam instituídas aleatoriamente. Podemos citar como exemplos pessoas que já possuam uma formação teológica básica ou em nível universitário, mas que nunca atuaram como catequistas. Ou ainda, pessoas que tenham afinidades com os párocos e sejam por eles escolhidas mesmo que não possuam uma formação básica. Também citamos os catequistas que já têm mais de cinco anos de atuação na catequese, mas não participam das formações a eles oferecidas. Podemos demonstrar aqui outros muitos exemplos, mas o mais importante é perceber que o cumprimento desses quatro critérios básicos poderá permitir um frutuoso processo de instituição no Ministério Laical de Catequista.

Reconhecendo que muitos catequistas já cumprem atualmente todos os critérios, serão propostos dois itinerários formativos, sendo um para estes que acabamos de mencionar, e outro para os catequistas iniciantes ou que ainda não possuem todos os critérios.

Para os catequistas experientes, que se enquadram em todos os critérios citados, será oferecida pelas paróquias ou dioceses uma formação imediata, com duração mínima de seis meses[43]. Tal formação terá como objetivo principal uma atualização dos catequistas e, ao mesmo tempo, um aprofundamento sobre o sentido do ministério que assumirão oficialmente.

Assim, os passos a serem dados para essa formação serão:

a) Um discernimento a ser realizado pelas paróquias para elencar os catequistas experientes que tenham todos os critérios citados anteriormente.

b) Conscientização, realizada pelas paróquias, acerca do Ministério Laical de Catequista com a apresentação de critérios e itinerários formativos propostos como requisitos para sua instituição.

c) Estabelecimento de datas para as formações específicas.

Dados esses passos, inicia-se então a proposta de formação que perpassará os três elementos já conhecidos: o *ser*, o *saber* e o *saber fazer* do catequista[44]. Para o desenvolvimento dos conteúdos propõem-se a apresentação de vídeos que contenham esses temas, seguidos da realização de dinâmicas de laboratório no contexto de grupo, para que haja partilhas e trocas de experiências, isto é, que sejam encontros formativos vivenciais. Além disso, propõem-se também a prática da leitura orante em todo o processo, que culminará numa preparação imediata através de retiro e, por fim, a celebração de recepção do Ministério Laical de Catequista. Para isso, os indicados deverão escrever seu pedido formal expressando sua adesão para essa recepção.

Mesmo sendo em tempo breve, a formação proposta quer responder às indicações atuais sobre a inspiração catecumenal que a Igreja nos apresenta como paradigma para

---

[43]Cf., Ibid, p. 19.
[44]Cf. Ibid, p. 27-30.

todos os processos formativos. Os elementos presentes na inspiração catecumenal possibilitam retomar as motivações mais profundas que levam o catequista ao serviço como resposta a sua vocação batismal.

Apresentaremos agora a proposta de formação para os catequistas iniciantes[45]. Com uma duração de quatro a cinco anos, a formação perpassará diversos elementos: animação vocacional, discernimento vocacional, acompanhamento por um catequista mais experiente, acompanhamento espiritual, experiência como ajudante de catequista, atuação como catequista que acompanha um grupo, encontros formativos com conteúdos específicos, celebrações e momentos orantes.

A presença desses elementos no processo formativo ressalta sua importância para que não seja meramente intelectual, mas que também seja perpassado pelo processo de inspiração catecumenal, de modo que, desde o início de sua formação, os catequistas experimentem a beleza e a profundidade do mesmo, para depois também colocá-lo em prática em sua missão.

A reflexão atual sobre a Iniciação à Vida Cristã tem como modelo inspirador a catequese com os adultos realizada nos primeiros séculos da Igreja, denominada de catecumenato. Este era um caminho longo e gradual de formação cristã, de vivência e de celebração da fé. Ao falarmos de inspiração catecumenal nos referimos a esse caminho, com tempos formativos específicos perpassados por celebrações. Tal caminho contribuía para uma profunda adesão a Jesus e seu projeto.

No catecumenato há quatro tempos distintos que são formativos. Estes são interligados por três etapas, que são momentos celebrativos, vivenciados como passagem de um tempo para o outro[46]. Assim, os tempos e as etapas são elementos importantes que estão sendo resgatados, pois ajudam a iluminar o caminho a ser percorrido com todos os grupos da Iniciação à Vida Cristã, como também o dos futuros catequistas, que primeiramente experimentarão a profundidade desses elementos para depois assumir sua missão. Embora não apareça de modo específico nos *Critérios e itinerários formativos para a Instituição do Ministério de Catequista*, utilizaremos aqui a palavra "tempo" para melhor explicar a proposta de processo formativo pelo qual passarão os catequistas iniciantes até chegarem a serem instituídos no ministério laical.

O primeiro tempo é o do "chamado". É mais breve, porém, de fundamental importância, pois será caracterizado principalmente por dois elementos já citados: a animação vocacional e o discernimento vocacional. A animação vocacional consiste na missão das paróquias em anunciar o que é ser catequista, a convidar formalmente as pessoas a exercerem o Ministério de Catequista. O convite pode ser feito de diversos modos, e para aquelas que aceitarem propor um encontro ou retiro para apresentar a profundidade desse ministério. Daqui, parte-se para um segundo momento que é o do discernimento

---

[45] Cf. Ibid., p. 20; 30-33.

[46] Os tempos são de informação e amadurecimento. São quatro os tempos, intercalados de três etapas marcadas com ritos litúrgicos. Cf. CONGREGAÇÃO PARA O CULTO DIVINO. *Ritual de Iniciação Cristã de Adultos*. Introdução ao Rito de Iniciação Cristã de Adultos, n. 6-7.

vocacional, no qual as que aceitaram o convite sejam ajudadas a dar sua adesão ao chamado por sentirem-se em sintonia com o mesmo. Cada pessoa é chamada a dar a sua resposta por acolher o convite como um chamado de Deus para uma missão específica, pois ser catequista é uma vocação.

Logo após, inicia-se um processo de acompanhamento personalizado com um catequista mais experiente, que denominamos de "catequista introdutor" ou com a própria coordenação paroquial da IVC, que também começará a abordar alguns temas, especialmente os que tratam sobre o que é ser catequista e sua formação humana e espiritual. Nesse acompanhamento personalizado, cada catequista iniciante vai sendo ajudado a solidificar sua resposta. Com o intuito de ajudar nesse processo, poderá ser oferecida a possibilidade de ter um acompanhamento espiritual com pessoas indicadas para essa finalidade. O acompanhamento espiritual ajuda a pessoa a amadurecer sua relação com Deus e a iluminar seu caminho de fé, num diálogo com a pessoa que acompanha. Nesse momento formativo também é indispensável a leitura orante da Bíblia, com a ajuda do responsável pelo acompanhamento personalizado.

Outros elementos desse tempo são a inserção e a participação na vida do grupo de catequistas da paróquia. O confronto com os outros catequistas proporcionará ajuda para exercer o ministério e para sentir que ninguém está sozinho em sua missão.

Terminado esse tempo, realiza-se a "Celebração de apresentação dos candidatos ao serviço da catequese". Tal celebração pode ser realizada em nível paroquial. Passa-se, assim, ao segundo tempo, que é um pouco maior por ser caracterizado como um tempo de formação específica e de aprofundamento. Este será dividido em três partes: seguimento, formação ministerial (básica) e formação ministerial (específica).

A fase do seguimento abrange o início da atuação do catequista com um grupo específico. Seu acompanhamento por um catequista introdutor ou pela coordenação paroquial da IVC continua aqui, para que o auxilie principalmente em questões práticas, tais como preparar os encontros e esclarecimentos de dúvidas, que podem ser relacionadas ao conteúdo ou à metodologia, e até mesmo ajudar a lidar com possíveis situações mais difíceis que possam aparecer no grupo que acompanha. Para marcar a vivência dessa fase, realiza-se a celebração de entrega da Palavra de Deus, como um primeiro sinal de que o catequista iniciante está disposto a assumir o anúncio dessa mesma Palavra.

A formação ministerial básica é uma fase de formação mais intensa e mais longa, perpassada pelo *ser, saber e saber fazer* do catequista. Aqui o catequista é convidado a participar de alguma formação para catequistas, cujo nível será definido pelas dioceses (paroquial, diocesano, regional etc.). A proposta é que sejam evidenciados os elementos presentes na inspiração catecumenal: encontros formativos graduais, orantes, celebrativos e bíblicos. A duração dessa fase será definida pelas dioceses.

Logo após, passa-se para a fase da formação ministerial específica, na qual serão oferecidas possibilidades de conhecimento dos diversos segmentos: catecumenato; catequese batismal; catequese com crianças; catequese com adolescentes e jovens; catequese com adultos; catequese com pessoas com deficiência; catequese pré e pós-matrimônio; catequese indígena etc.

Conclui-se esse tempo com a celebração de pedido público e formal para a recepção do ministério de catequista, e dá-se início ao terceiro tempo, que é de preparação imediata da recepção do Ministério Laical de Catequista, que se dará numa celebração própria, com rito próprio publicado pela Congregação para o Culto Divino e a Disciplina dos Sacramentos. A preparação imediata consistirá numa vivência de retiro espiritual e preparação pessoal. Após a instituição, o catequista vivencia o quarto tempo, continuando a experiência com determinado grupo e participando de momentos de formação continuada oferecidos pelas diversas instâncias, como CNBB, diocese e paróquia.

A *AM*, n. 8, afirma que o Ministério Laical de Catequista é um "serviço estável prestado à Igreja local", que, segundo nossa compreensão, significa dizer que deve ser um serviço duradouro, firme e constante, mas que os compromissos assumidos através de sua recepção podem ser renovados sempre que oportuno. Os presbíteros, sendo ministros ordenados, renovam, anualmente, na missa dos Santos óleos, suas promessas sacerdotais como sinal de atualização do seu ministério, para que continuem firmes e perseverantes na vocação e na missão para as quais foram chamados. Também, todos os batizados renovam, anualmente, na Vigília Pascal, suas promessas batismais. E estes são sacramentos, que imprimem caráter. Os ministérios instituídos não são sacramentos recebidos, mas têm seu fundamento na vocação batismal, e são uma graça recebida a serviço da Igreja. Sendo assim, a Igreja no Brasil sugere a possibilidade de renovação dos compromissos assumidos na recepção do Ministério Laical de Catequista a cada quatro anos. Essa renovação dos compromissos ficará a critério das dioceses.

CONCLUSÃO

Após traçarmos o caminho que apresenta o processo formativo ao qual os catequistas são chamados a percorrer para receberem a instituição no Ministério Laical de Catequista, é ressaltada a importância de uma devida formação integral que possibilite a firme decisão e adesão para assumir com reponsabilidade e como resposta a um chamado do Senhor a essa vocação de ser catequista.

Queremos concluir relembrando que, antes de realizar a instituição, é de suma importância a compreensão de que se faz necessária uma devida formação dos catequistas, e que é preciso fazer um discernimento, a partir dos critérios propostos, para ver os que respondem a todos os critérios, oferecendo para estes uma formação mais breve; para os demais, uma formação mais prolongada.

Esperamos ter respondido à pergunta do título do presente texto, pois sabemos que tem sido uma grande preocupação para aqueles que têm a responsabilidade de pensar, programar e propor a formação dos catequistas para que possam ser instituídos no ministério laical. Portanto, compreendendo a importância da formação, certamente o processo não será preterido.

CAPÍTULO 7

Pe. Patriky Samuel Batista[47]

OS MINISTÉRIOS LEIGOS PARA UMA IGREJA EM SAÍDA

---

[47] Presbítero da Diocese de Luz-MG, graduado em Filosofia e Teologia. Especialista em Teologia Pastoral e Missiologia. Secretário executivo de Campanhas da Fraternidade da Conferência Nacional do Bispos do Brasil.

INTRODUÇÃO

Evangelizar é tornar o Reino de Deus presente no mundo (cf. *EG*, n. 176). Um empreendimento que segundo São Paulo VI não se restringe a pregar o Evangelho exclusivamente em espaços geográficos ou para grandes populações em massa. Tal presencialidade do Reino se estabelece quando, por meio do anúncio, do testemunho de vida e do encontro pessoal com o Senhor, uma realidade é atingida e modificada pela força do Evangelho: os critérios de julgar, os valores que contam, as linhas de pensamento, as fontes inspiradoras e os modelos de vida da humanidade.

Portanto, é necessário ter presente o que São Paulo alerta: "Não vos conformeis com este mundo, mas transformai-vos" (Rm 12,2). Tais critérios, valores, linhas de pensamento e fontes inspiradoras devem estar em sintonia com a Palavra de Deus e com o desígnio da salvação (cf. *EN*, n. 19). Evangelizar não é uma ação exclusiva dos ministros ordenados. Evangelizar é um dom, um nobre empenho e compromisso de amor que nasce com o batismo, se alimenta na escuta da Palavra de Deus, serve ao próximo orientando-se para a eternidade.

1. EVANGELIZAR TAREFA QUE NASCE DA FONTE BATISMAL

A relação entre evangelização e os ministérios leigos ganhou destaque no pontificado do Papa Francisco. Em 15 de agosto de 2016, com a Carta Apostólica em forma de *Motu Próprio*, *Sedula Mater* foi instituído o Dicastério para os leigos, a família e a vida. Na carta o papa assegura que os dicastérios da Cúria Romana sejam adaptados às situações do nosso tempo e às necessidades da Igreja universal. Com o pensamento voltado para os leigos tal iniciativa teve como objetivo oferecer apoio e ajuda para que possam testemunhar ativamente o Evangelho em nosso tempo e serem uma expressão da bondade do Redentor[48].

Dentre as tarefas do novo dicastério está o empenho em promover a vocação e a missão dos fiéis leigos e leigas na Igreja e no mundo destacando a corresponsabilidade, em virtude do Sacramento do Batismo, pela missão da Igreja de acordo com os diferentes carismas recebidos para a edificação do bem comum. Um especial carisma, que precisa ser ainda mais valorizado, são os ministérios leigos. Eles são de suma importância para a missão evangelizadora da Igreja. Os ministérios leigos não podem ser pensados, ou mesmo refletidos somente a partir da ótica da escassez de ministros ordenados, mas sim a partir da própria natureza do Sacramento do Batismo e da própria essência do sacerdócio comum dos fiéis.

Outra iniciativa do Papa Francisco foi a instituição do Ministério de Catequista por meio do *Motu Próprio Antiquum Ministerium* em 10 de maio de 2021. Tal gesto valoriza a pessoa do catequista evidenciando a urgente necessidade de evangelizar

---

48 Cf. in: CARTA APOSTÓLICA *em forma de Motu Proprio* com a qual se institui o Dicastério para os Leigos, a Família e a Vida. Disponível em: https://press.vatican.va/content/salastampa/it/bollettino/pubblico/2016/08/17/0587/01316.html

o mundo contemporâneo. Como nos lembra o Santo Padre, não podemos esquecer a incontável multidão de leigos e leigas que participam diretamente na difusão do Evangelho através do ensino catequético. Homens e mulheres que, animados por uma grande fé e com verdadeiro testemunho de santidade assumem o mandato do Senhor: "Ide, anunciai o Evangelho a toda criatura" (Mc 16,15). Em nossas comunidades não é difícil encontrarmos bons, perseverantes e competentes catequistas que estão à frente de diversas iniciativas pastorais em diferentes regiões, realizando uma missão insubstituível na transmissão e no aprofundamento da fé. O grande número de beatos, santos e mártires catequistas que marcaram a missão da Igreja merecem ser conhecidos, pois constituem uma fonte fecunda não só para a catequese, mas também para toda a história da espiritualidade cristã[49]. O Ministério de Catequista está intimamente ligado ao anúncio do Evangelho e à transmissão da fé. O anúncio e a transmissão são duas grandes urgências pastorais do tempo presente que, por sua vez, exigem preparo.

Com estas iniciativas o Papa Francisco favorece um espaço de discussão sobre o lugar dos ministérios na ação evangelizadora da Igreja hoje, além de possibilitar o resgate da eclesiologia conciliar fundamentando em Cristo, luz dos povos, a origem, a fonte e o destino dos ministérios na vida e na missão da Igreja. Para fazê-la crescer Ele mesmo instituiu os ministérios que tendem ao bem de todo povo de Deus a fim de que todos cheguem à salvação (cf. CIgC, n. 847). Os ministérios são, portanto, um serviço eclesial em prol da salvação. Possuem uma natureza sacramental, uma índole comunitária, um horizonte sinodal, um indispensável caráter de serviço e um renovado ardor missionário. A narrativa da última ceia (Jo 13) confirma estes elementos: amar como Ele nos amou e dispor-se a lavar os pés uns dos outros. Como o Bom Samaritano (Lc 10), ver, compadecer e cuidar. É no mistério pascal de Cristo que toda vida ministerial na Igreja encontra seu sentido mais radical.

Pensar e promover os ministérios laicais para uma Igreja em saída é também uma resposta aos apelos, tanto do Papa Francisco como do Concílio Vaticano II que afirmou a dignidade laical e a valorização dos leigos e leigas, bem como seu lugar na Igreja. A índole pastoral do Concílio, expressa em seus documentos, exige um olhar particular sobre a missão dos leigos e leigas no seio da Igreja e em sua relação ao mundo. Eis o desafio: o que a visão conciliar em relação aos leigos altera na vida da comunidade eclesial missionária? Qual o lugar dos ministérios leigos para uma Igreja em saída? Qual sua importância para que o Evangelho seja acolhido nos mais variados ambientes seculares? Essas são algumas indagações que prometem grandes debates mais do que respostas definitivas. O que se tem clareza é que, com o Papa Francisco, damos continuidade a um caminho onde os ministérios são imprescindíveis, edificam a vida da Igreja e favorecem uma evangelização baseada na proximidade, no diálogo e na comunhão. Todo batizado participa ativamente da missão evangelizadora da Igreja. Pelo batismo reina entre todos a verdadeira igualdade quanto à dignidade e ação comum de todos os fiéis na edificação do Corpo de Cristo (cf. *LG*, n. 32). Essa é nossa vocação comum!

---

[49] FRANCISCO, Papa. *Carta Apostólica em forma de Motu Proprio Antiquum Ministerium, pela qual se institui o Ministério de Catequista*. Brasília: Edições CNBB, 2021.

2. NOTAS SOBRE A IGREJA EM SAÍDA

Antes de propor uma reflexão sobre a relação dos ministérios leigos para uma Igreja em saída, é preciso recuperarmos algumas notas sobre esta expressão própria do Papa Francisco. Tal expressão é um convite a repensar o *modus vivende* da Igreja no novo milênio. Sair supõe estar em permanente estado de êxodo. Superar a autorreferencialidade e dispor-se a servir.

Na Carta Apostólica *Novo Millennio Ineunte,* de 6 de janeiro de 2001, na conclusão das celebrações do Jubileu dos 2000 anos do nascimento de Nosso Senhor Jesus Cristo, São João Paulo II afirma que um novo percurso de estrada se abria para a Igreja naquela ocasião. Era preciso trilhá-lo. Para tanto era necessário ter a coragem de avançar para águas mais profundas (Lc 5,4). Um convite para que a Igreja se interrogasse sobre sua renovação para assumir com novo impulso a sua missão evangelizadora para que ela resplandeça cada vez mais na variedade dos seus dons e na unidade do seu caminho (cf. *NMI,* n. 3). É preciso lembrar com gratidão o passado, viver com paixão o presente, abrir-se com confiança ao futuro: "Jesus Cristo é o mesmo, ontem, hoje e sempre" (Hb 13,8).

Qual a relação das provocações de São João Paulo II no início do milênio com a Igreja em saída? A nova evangelização. Como falar de Cristo aos homens e mulheres de hoje? Como evangelizar os batizados? Como cuidar dos náufragos em um mundo em crise de fé? Naquela ocasião o grande apelo era direto: é preciso reacender em nós o zelo das origens, deixando-nos invadir pelo ardor da pregação apostólica que se seguiu ao Pentecostes. Devemos reviver em nós o sentimento ardente de Paulo que o levava a exclamar: "Ai de mim se não evangelizar!" (1Cor 9,16), (cf. *NMI,* n. 40).

Com a morte de São João Paulo II, quatro anos após a conclusão do grande jubileu, o desejo de trilhar um novo percurso aberto para a Igreja encontrou eco no coração do Papa Bento XVI. Entre suas preocupações pastorais estavam grandes desafios impostos à evangelização: o relativismo e a crise de fé. Foi então que em 11 de outubro de 2011 com a Carta Apostólica sobre a forma de *Motu Próprio Porta Fidei* é proclamado o ano da fé a ser concluído em 2013. Dentro do ano da fé aconteceu a 13ª assembleia sinodal dos bispos com o tema: "nova evangelização para a transmissão da fé".

No *Instrumentum Laboris* foi expressa a necessidade de oferecer uma resposta a este momento particular de crise, também da vida cristã; é preciso que a Igreja encontre um estímulo a mais para dar razão da esperança que anuncia (cf. 1Pd 3,15). A expressão "nova evangelização" reclama a exigência de uma renovada modalidade de anúncio, sobretudo para aqueles que vivem num contexto em que os desenvolvimentos da secularização deixaram também traços substanciais em países de tradição cristã. Assim entendida, a ideia de nova evangelização foi adquirindo novos contornos, amadurecendo dentro do contexto eclesial e implementada em formas muito diferenciadas. Ela passou a ser assumida como uma exigência, uma intervenção de discernimento e como um estímulo à Igreja de hoje[50]. O estímulo que lhe faltava já havia sido anunciado pelos bispos latino-americanos e caribenhos em 2007 na 5ª Conferência Geral em Aparecida: a missão! Somos todos discípulos missionários de Jesus Cristo.

Recuperando as intuições de São Paulo VI o *Instrumentum Laboris* ainda recupera algumas notas fundamentais para que a evangelização se torne realidade. Uma Igreja que evangeliza não deve se preocupar apenas na aquisição de métodos que renovem suas estratégias, mas, principalmente, precisa aumentar a qualidade do seu testemunho e não perder o horizonte maior da eternidade, verdadeiro anseio do coração humano. A grande questão que envolve a evangelização não é sobretudo uma questão organizativa ou estratégica, mas espiritual, e precisa considerar que

> O homem contemporâneo escuta com melhor boa vontade as testemunhas do que os mestres, dizíamos ainda recentemente a um grupo de leigos, ou então, se escuta os mestres, é porque eles são testemunhas (*EN*, n. 41).

Essa clássica afirmativa de São Paulo VI estabelece de forma definitiva o testemunho como forma de pregação do Evangelho. Assim, pelo seu comportamento, pela sua vida, que os membros da Igreja evangelizam este mundo. Pelo testemunho vivido com fidelidade ao Senhor Jesus, testemunho de pobreza, de desapego e de liberdade frente aos poderes deste mundo. Em suma, um testemunho de santidade. Várias Igrejas particulares identificaram-se com estas palavras, sobre a necessidade de ter testemunhas que saibam evangelizar, primeiramente, com a sua vida e o seu exemplo.

O grande segredo da nova evangelização é a resposta ao chamado à santidade de cada cristão. Só pode evangelizar quem se deixou ou se deixa evangelizar, quem é capaz de deixar-se renovar espiritualmente pelo encontro e pela comunhão vivida com Jesus Cristo. O testemunho cristão é um encontro entre *ações e palavras*. Estes constituem um dos fundamentos de toda a ação evangelizadora porque geram uma relação entre anúncio e liberdade: Tornamo-nos testemunhas quando, através das nossas ações, palavras e modo de ser, é Outro que aparece e Se comunica: Cristo Jesus. Pode-se afirmar que o testemunho é o meio pelo qual a verdade do amor de Deus alcança o ser humano na história, convidando-o a acolher, livremente, esta novidade radical. No testemunho, Deus expõe-Se por assim dizer ao risco da liberdade do homem[51].

Por fim, ao convocar o ano da fé, o Papa Bento XVI recorda a necessidade de redescobrir o caminho da fé para fazer brilhar a alegria e o renovado entusiasmo do encontro com Cristo. A Igreja deve pôr-se a caminho para conduzir os homens e mulheres para fora do deserto, para lugares da vida, da amizade com o Filho de Deus, para Aquele que

---

[50] SÍNODO DOS BISPOS. XIII ASSEMBLEIA GERAL ORDINÁRIA A NOVA EVANGELIZAÇÃO PARA A TRANSMISSÃO DA FÉ CRISTÃ *INSTRUMENTUM LABORIS* Cidade do Vaticano 2012. Disponível em: https://www.vatican.va/roman_curia/synod/documents/rc_synod_doc_20120619_instrumentum-xiii_po.html#O_fundamento_de_toda_a_pastoral_evangelizadora.

[51] Instrumentum Laboris, n. 158. Disponível em: https://www.vatican.va/roman_curia/synod/documents/rc_synod_doc_20120619_instrumentum-xiii_po.html#O_fundamento_de_toda_a_pastoral_evangelizadora.

dá a vida, a vida em plenitude. Eis o alerta do papa: não se perder diante das preocupações imanentes das consequências sociais, culturais e políticas da fé esquecendo-se da própria fé, dom de Deus, pressupondo-a e considerando-a como um pressuposto óbvio da sua vida diária. Este pressuposto não existe mais. É preciso propor a fé e tal proposição se dá quando Cristo é anunciado, seu amor testemunhado e celebrado. Diante da profunda crise de fé que atinge tantas pessoas constatamos que já não há mais um tecido cultural unitário, amplamente compartilhado no seu apelo aos conteúdos da fé e aos valores por ela inspirados (cf. *PF*, n. 2).

Em 11 de março de 2013, em pleno ano da fé, a surpresa da renúncia do Papa Bento XVI nos trouxe a alegria do primeiro papa latino-americano. É o Papa Francisco quem conclui o ano da fé e nos dá de presente sua primeira exortação apostólica, *Evangelii Gaudium*, em 24 de novembro de 2013. Em linha de continuidade com seus predecessores, expressa, não somente sua preocupação para com a nova evangelização, mas direciona qual o caminho a Igreja deve trilhar hoje. Aquela estrada que se abriu para a Igreja, anunciada por São João Paulo II começa a ser percorrida com prioridades bem delimitadas. A crise de fé precisa de uma resposta e é não permanecendo em uma zona de conforto que atenderemos ao mandato do Senhor. É preciso ir, é preciso evangelizar e, para isso é preciso sair. Ser uma Igreja em saída em permanente estado de êxodo. Ir ao encontro de cada pessoa para oferecer a doce e reconfortante alegria do Evangelho, pois, conhecer Jesus Cristo é nossa alegria e sentido da vida. Anunciá-lo é nossa missão! Realizar tão nobre empreendimento também por meio dos ministérios leigos é tornar Jesus Cristo conhecido, amado e testemunhado. Os ministérios leigos contribuem para que o mundo receba cada vez mais discípulos e discípulas missionários de Jesus Cristo.

Mas, afinal de contas, o que significa essa Igreja em saída? Sair para qual direção? No início da *Evangelii Gaudium* temos a confirmação desta trilha em vista de uma nova evangelização. Com esta exortação todos os fiéis cristãos são convidados a percorrer uma nova etapa evangelizadora marcada pela alegria do Evangelho e indicar caminhos para o percurso da Igreja nos próximos anos. Uma alegria que enche o coração e a vida inteira daqueles que se encontram com Jesus.

A *Evangelii Gaudium* nos oferece uma coletânea de diretrizes para encorajar e orientar toda a Igreja para esta nova etapa evangelizadora onde o ardor missionário e o dinamismo da alegria são características indispensáveis além de indicar algumas prioridades nesta nova etapa:

> a) A reforma da Igreja em saída missionária. b) As tentações dos agentes pastorais. c) A Igreja vista como a totalidade do povo de Deus que evangeliza. d) A homilia e a sua preparação. e) A inclusão social dos pobres. f) A paz e o diálogo social. g) As motivações espirituais para o compromisso missionário (EG, n. 17).

Hoje, mais do que nunca, é preciso fazer crescer a compreensão de que todos somos chamados a esta nova saída missionária. Cada batizado em sua comunidade, à luz da Palavra de Jesus, é chamado a discernir sua vocação e qual o caminho a ser seguido diante do chamado que o Senhor lhe faz. Um caminho que o faz sair do conforto diário e lhe possibilita uma atitude de saída na direção que o Evangelho solicita (cf. *EG*, n. 20).

Quem é a Igreja em saída missionária? O Papa Francisco na *Evangelii Gaudium* nos oferece uma consistente definição de Igreja missionária. Para isso, ele usa o termo Igreja em saída (cf. *EG*, n. 20-23) que assume as seguintes características: *primeirear, envolver, acompanhar, frutificar e festejar* (cf. *EG*, n. 24). A Igreja em saída é uma comunidade de pessoas que primeireiam: o neologismo do Papa Francisco é na verdade algo muito direto e simples. Trocando em miúdos, significa simplesmente ter a coragem de tomar iniciativa! Não ficar parado, nem reduzir a vida cristã num lamento sem fim.

Uma comunidade missionária é uma comunidade que aprende a sair de si mesma, que é capaz de educar os seus membros para ir ao encontro dos outros que sofrem e estão distantes. A Igreja em saída é uma Igreja que segue as pegadas do seu Mestre, e toma a iniciativa de lavar os pés dos homens e mulheres de nosso tempo. É uma comunidade que se coloca a serviço para promover a fraternidade e a justiça. É uma comunidade que vai para além das palavras, mas que é capaz de, com gestos e atitudes concretas, promover a vida de cada ser humano. Por isso, ela é uma comunidade capaz de acompanhar, sentir o drama das pessoas, mas também seus sonhos. Uma característica da uma Igreja em saída é que ela promove um processo de profunda transformação na vida das pessoas e, estas, uma vez transformadas pela força do Evangelho e pelo testemunho dos cristãos, são capazes de fecundar os diversos espaços em que frequentam. Por fim, é uma comunidade que celebra a fé ligada com a vida (cf. *EG*, n. 24).

3. OS MINISTÉRIOS LEIGOS EM SAÍDA

Qual o lugar dos ministérios leigos para uma Igreja em saída? O ponto de partida sempre está na dimensão batismal. Pelo batismo, cada pessoa acolhe o chamado que Deus lhe faz. Os leigos, por sua vez, são chamados a serem corresponsáveis do ser e do agir da Igreja e no mundo.

> Cada batizado é portador de dons que deve desenvolver em unidade e complementaridade com os dons dos outros, a fim de formar o único Corpo de Cristo, entregue para a vida do mundo. O reconhecimento prático da unidade orgânica e da diversidade de funções assegurará maior vitalidade missionária e será sinal e instrumento de reconciliação e paz para nossos povos. Cada comunidade é chamada a descobrir e integrar os talentos escondidos e silenciosos que o Espírito presenteia aos fiéis (DAp, n. 162).

Partindo das notas características da Igreja em saída, podemos relacionar a natureza sacramental dos ministérios com o empenho a frutificar seu caráter comunitário com a capacidade de envolver, seu horizonte sinodal com a arte de acompanhar e iniciar processos, seu caráter de serviço com o festejar e sua missionariedade com o primeirear. Assumindo e colocando em prática tais intuições da *Evangelii Gaudium* número 24 temos aqui um projeto de vida para o ministério laical. O papel dos ministérios leigos para uma Igreja em saída é permitir que a ação de Deus conduza cada cristão a sair de si mesmo, a fim de se colocar a serviço dos irmãos e irmãs e comunicar ao mundo a Verdade do Evangelho (cf. *EG*, n. 8).

Aqui, os ministérios leigos em saída, sobretudo o Ministério de Catequista, não pode perder de vista aquilo que de forma clara e distinta o Papa Francisco pede: "Na boca do catequista, volta a ressoar sempre o primeiro anúncio: "Jesus Cristo ama-te, deu a sua vida para te salvar, e agora vive contigo todos os dias para te iluminar, fortalecer, libertar" (*EG*, n. 164). Eis o anúncio principal o qual os ministérios leigos devem traduzir por meio do testemunho de santidade em todos os ambientes. Servindo como ministros possibilitam um intercâmbio de amor e doação: servem por causa da fé que os impele, do amor que os constrange, por vezes, sem nenhuma remuneração. Servem pelo desejo interior de transmitir a Boa-nova do Reino.

E só o fazem porque experimentam que o conhecimento de Jesus Cristo é tudo "é o melhor presente que qualquer pessoa pode receber: tê-lo encontrado foi o melhor que ocorreu em suas vidas, e fazê-lo conhecido por meio de palavras e obras é a maior de todas as alegrias" (DAp, n. 29). Esta compreensão altera a forma com a qual os ministros ordenados percebem os leigos e leigas que agora, mais do que nunca, precisam de formação, investimento, liberdade e reconhecimento. Há um valor em si mesmo, de modo que, é preciso, também, rezar pelas vocações laicais ao mesmo tempo em que somos chamados a promovê-las.

Não é sem razão que, no desejo de promover uma Igreja em saída, o Papa Francisco insiste na importância de refletir sobre o chamado de todos à santidade no mundo atual. Com a Exortação *Gaudete et Exsultate* (*GEx*) ele insiste que "é verdade que precisamos de abrir a porta a Jesus Cristo, porque Ele bate e chama (cf. *Ap* 3, 20)" (cf. *GEx*, n. 136). Somente um catequista que faz a real experiência do encontro com Jesus Cristo é capaz de colocar-se em saída de si mesmo.

Se todos somos corresponsáveis pela evangelização, todos somos chamados à santidade. Mas de que modo concretizar esse chamado? Vivendo com amor e oferecendo o próprio testemunho nas ocupações de cada dia, onde cada um se encontra. Bons exemplos não nos faltam: Beato Frederico Ozanam, Beato Carlo Acutis, Beata Guadalupe Ortiz de Landázuri, São Thomas More, São José Moscati, Santa Gianna Bereta Mola, Chiara Corbella Petrillo, São Luís Martin, Santa Zélia e tantos outros que inspiram. Um ministério bem vivido sinaliza o mistério do cuidadoso amor de Deus presente no meio dos homens e das mulheres.

Portanto, os ministérios leigos para uma Igreja em saída recordam que o anúncio da salvação precisa ser conhecido, acolhido, celebrado, testemunhado e transmitido. Por vocação, os leigos e leigas estão naturalmente em uma constante saída missionária quando se fazem presente nos mais diversos ambientes da sociedade. Viver os ministérios leigos em saída é um constante convite à santidade, também expresso com beleza na Oração Eucarística VI B, na qual pedimos ao Senhor que nos conceda olhos para ver as necessidades e os sofrimentos dos nossos irmãos e irmãs. Que Ele nos inspire palavras e ações para confortar aqueles que sofrem e estão cansados. A estes, é o Senhor quem diz: "vinde a mim, todos vós, fatigados e sobrecarregados, e eu vos aliviarei" (Mt 11,28). Assim, com os ministérios leigos em saída, pedimos: ajudai-nos, Senhor, a criar um mundo novo.

Conclusão

Querido/a ouvinte leitor/a, ao concluir a obra intitulada: *Vocação e missão de catequista: Por que um Ministério?* o sentimento é de gratidão e de alegria.

Gratidão aos colaboradores que, com empenho e dedicação, se debruçaram na pesquisa e sistematização de um conteúdo urgente e necessário para dar passos, e passos qualitativos sobre o pedido do Papa Francisco em relação à instituição do Ministério de Catequista, que, segundo ele, é urgente e necessário:

> é necessário reconhecer a presença de leigos e leigas que, em virtude do seu Batismo, se sentem chamados a colaborar no serviço da catequese (CIC, cân. 225: CCEO, cân. 401 e 406). Essa presença torna-se ainda mais urgente em nossos dias, devido à renovada consciência da evangelização no mundo contemporâneo (*EG*, n. 163-168) e à imposição de uma cultura globalizada (*FT*, n. 100), que requer um encontro autêntico com as jovens gerações, sem esquecer a exigência de metodologias e instrumentos criativos que tornem o anúncio do Evangelho coerente com a transformação missionária que a Igreja abraçou (*AM*, n. 5).

Alegria em poder colaborar com a fundamentação bíblico-teológico-pastoral sobre o Ministério de Catequista neste período histórico de profundas mudanças que desafiam e questionam o modo como se deve transmitir a fé às novas gerações. Nosso grande desafio é formar catequista-discípulo-missionário de Jesus Cristo numa Igreja ministerial, liberta do clericalismo e da centralização, em vista de uma Igreja sinodal, um caminhar juntos na comunhão e participação como já recordava o Concílio Vaticano II (1962 1965).

Na verdade, a instituição do Ministério de Catequista é fruto de um longo processo de renovação pastoral do qual o Concílio Vaticano II, à luz da Palavra de Deus, ofereceu os princípios bíblicos-teológicos fundamentais para a compreensão da missão evangelizadora da Igreja com seus diferentes ministérios e funções.

O Concílio Vaticano II nos recordou a todos que, em virtude da vocação batismal, os cristãos participam da mesma missão da Igreja. Pela ação do Espírito Santo – que "não se limita a santificar e a dirigir o povo de Deus por meio dos sacramentos e dos ministérios" (*LG*, n. 12), mas "distribui [seus dons] a cada batizado conforme quer"

(1Cor 12,11) –, todo batizado é chamado ao serviço à Igreja para anunciar o Evangelho, edificar o Reino de Deus e transformar o mundo (cf. *LG*, n. 12).

É o Espírito Santo, protagonista da missão, que concede dons e carismas, e capacita o batizado para um serviço ministerial numa comunidade eclesial missionária. Por isso, a comunidade é responsável pela escolha, formação e instiuição do Ministério de Catequista. O catequista, por sua vez, é o porta-voz da Igreja; o ministério da catequese é um serviço eclesial (DNC, n. 233).

Quando o Concílio Vaticano II definiu o modelo de evangelização da Igreja, o fez a partir de três funções ministeriais que o povo de Deus recebeu de Cristo: *sacerdotal, profética* e *real* (cf. *LG*, n. 34-36).

A Igreja, como servidora da Palavra (cf. *DV*, n. 10), também se autocompreende como toda ministerial. Aquela que recebe a missão de perpetuar e transmitir a todas as gerações tudo aquilo que ela é, tudo aquilo que ela acredita (cf. *DV*, n. 8). Os ministérios eclesiais se constituem, assim, um serviço essencialmente comunitário. Como recorda o Apóstolo Paulo: "como num só corpo temos muitos membros, cada qual com uma função diferente" (Rm 12,4-5). E a comunidade de Corinto, falando sobre esse tema, diz que mesmo sendo diversos, os ministérios são obra do mesmo Espírito em vista da unidade do Corpo de Cristo (cf. 1Cor 12,11).

No conjunto dos ministérios da Igreja o Ministério de Catequista se torna essencial, pois é através dele que acontece a transmissão da fé de geração em geração como já afirmava o salmista: "Aquilo que ouvimos e aprendemos, o que nossos pais nos contaram, não o ocultaremos a seus filhos. Vamos contar à geração futura os louvores do Senhor e seus prodígios, as maravilhas que Ele realizou" (Sl 78,3).

O Ministério de Catequista é um chamado, uma vocação e um serviço eclesial. Nasce do coração da Palavra de Deus para crescer e frutificar na Igreja. Por isso, o/a catequista desempenha este ministério como uma missão recebida para conduzir as pessoas ao encontro de Jesus Cristo e à inserção na comunidade. É também um dom que se recebe e se comunica como uma experiência alegre, que se irradia no testemunho e na transmissão da fé.

Dom e graça que Deus nos concede: "A nossa capacidade vem de Deus, que nos tornou capazes de exercer o ministério da Aliança Nova, não da letra" (2Cor 3,5b-6a). Somos catequistas a serviço do querigma, anunciadores do Cristo, o Verbo de Deus encarnado na história, o crucificado-ressuscitado, aquele que deu a vida por amor em favor de todos.

O desafio atual, no entanto, é formar catequistas capazes de encarnar a Palavra de Deus nas alegrias e tristezas, angústias e esperanças do ser humano (cf. *GS*, n. 1). É notório o crescimento de homens e mulheres que, através da catequese a serviço da Iniciação à Vida Cristã com inspiração catecumenal, testemunham com alegria o ser evangelizador da Igreja.

Concluímos, assumindo mais uma vez a exortação do Papa São Paulo VI na qual o *testemunho* é a base de todo ministério eclesial:

> o testemunho de uma vida autenticamente cristã, entregue nas mãos de Deus, numa comunhão que nada deverá interromper, e dedicada ao próximo com um zelo sem limites, é o primeiro meio de evangelização. O homem contemporâneo escuta com melhor boa vontade as testemunhas do que os mestres, dizíamos ainda recentemente a um grupo de leigos, ou então, se escuta os mestres, é porque eles são testemunhas (*EN*, n. 41).

Para Refletir

Seria importante que, após a leitura de cada capítulo, o leitor (individualmente ou em grupo) pudesse refletir sobre as ideias principais do texto, suas novidades e, sobretudo, as dúvidas que ainda permanecem. Melhor se tudo isso fosse realizado no grupo de catequistas. Para ajudar o leitor, propomos sete questões para o aprofundamento a partir de cada capítulo lido.

Capítulo 1. A catequese de Iniciação à Vida Cristã com inspiração catecumenal favorece o maior contato do catequizando com Jesus Cristo e ao mesmo tempo uma maior vivência cristã em comunidade e na vida litúrgica. Os novos ministérios, com certeza, irão valorizar ainda mais o protagonismo dos leigos.

1) Qual a ideia central do primeiro capítulo?
2) Como compreender o Ministério de Catequista a partir de sua realidade?
3) Em nossa realidade diocesana e paroquial, existe um planejamento na catequese que contemple essa formação para os diversos ministérios? Em que podemos avançar?

Capítulo 2. É na comunidade cristã que despertamos para o seguimento de Jesus Cristo e o serviço de transmissão da fé.

1) Qual a ideia central do segundo capítulo?
2) Qual a importância da comunidade eclesial para o ministério instituído de catequista?
3) Sua comunidade é catequizadora, ajuda a formar discípulos missionários em pequenas comunidades missionárias?
4) Como você se *sente* em sua comunidade e como você *vê* a sua comunidade?

Capítulo 3. A partir do Vaticano II cresce a convicção da centralidade da Palavra de Deus na Igreja. Nos últimos 12 anos a Igreja no Brasil assumiu como prioridade a animação bíblica de toda a pastoral.

1) Qual a ideia central do terceiro capítulo?
2) Nos encontros de catequistas e com os catequizandos, qual o lugar da Palavra de Deus?
3) Se faz individual ou comunitariamente a Leitura Orante da Bíblia?
4) Qual a importância dos textos bíblicos citados neste capítulo para uma melhor compreensão dos ministérios laicais?
5) E na sua vida de oração pessoal, qual o lugar que a Palavra de Deus ocupa?

Capítulo 4. Urge formar cristãos que tenham competências em diferentes áreas. Tem-se insistido nos últimos 50 anos na formação teológica dos leigos e leigas.

1) Qual é a ideia central do quarto capítulo?
2) Quais os aspectos importantes apresentados no texto para uma melhor compreensão da teologia dos ministérios?
3) Quais as iniciativas para valorizarmos ainda mais os leigos em nossas comunidades?

Capítulo 5. Ainda é um desafio em algumas realidades o trabalho em conjunto da comissão de catequese a serviço da IVC com as equipes de celebração nas comunidades. Temos alguns avanços e experiências bonitas que estão acontecendo, mas precisa-se de um maior aprofundamento e compreensão mútua entre liturgia e catequese.

1) Qual a ideia central do quinto capítulo?
2) Em sua comunidade existe um trabalho integrado entre catequese e liturgia?
3) Como se dá o aprofundamento dos ritos antes das celebrações do catecumenato?

Capítulo 6. Com o *Motu Proprio Antiquum Ministerium* do Papa Francisco cresceu a importância e a reflexão sobre os ministérios laicais, particularmente o Ministério de Catequista.

1) Qual a ideia central do sexto capítulo?
2) Quais as vantagens na instituição do Ministério de Catequista?
3) Quais os elementos que consideramos essenciais na formação dos novos catequistas para o ministério?
4) Em sua comunidade existe um trabalho de animação vocacional para convidar novos catequistas?

Capítulo 7. O Decreto *Ad Gentes* nos lembra que a natureza da Igreja é a evangelização (cf. *AG*, n. 2). Os documentos que se seguiram nos últimos 60 anos têm enfatizado a importância da evangelização na vida e na missão da Igreja. Papa Francisco nos convida constantemente para sermos uma Igreja em saída missionária.

1) Qual é a ideia central do sétimo capítulo?
2) Temos consciência de que nossa vocação nasce da fonte batismal?
3) Como vivemos nossa vocação de discípulos missionários?
4) Indique algumas propostas para que sejamos realmente uma Igreja em saída missionária?
5) Como acontece o anúncio querigmático em sua comunidade?
6) Sentimos que os ministérios laicais em nossa comunidade são valorizados (lembrar alguns fatos)?

Referências

ALMEIDA, A.J. *Os ministérios não ordenados na Igreja latino-americana*. São Paulo: Loyola, 1989.

ALMEIDA, A.J. *Teologia dos ministérios não ordenados na Igreja da América Latina*. São Paulo: Loyola, 1989.

AUSEJO, S. *Diccionario de la Biblia*. Barcelona: Editorial Herder, 1967.

BENTO XVI. *Deus Caritas Est – Sobre o amor cristão*. Brasília: Edições CNBB, 2006.

BENTO XVI. *Exortação Apostólica Pós-Sinodal Verbum Domini* – Sobre a Palavra de Deus na vida e na missão da Igreja. São Paulo: Paulinas, 2010.

BÍBLIA SAGRADA. Tradução Oficial da CNBB. Brasília: Edições CNBB, 2019.

BOROBIO, D. *Catecumenato e iniciación Cristiana* – Un desafio para la iglesia hoy. Barcelona: Centre de Pastoral Litúrgica, 2007.

BUA, P. *Battesimo e confermazione*. Bréscia: Queriniana, 2016.

BUTLER, B.C. *The Theology of Vatican II*. Londres, 1967.

CARREZ, M. As epístolas aos coríntios. In: CARREZ, M.; DORNIER, P.; DUMAIS, M. & TRIMAILLE, M. *As cartas de Paulo, Tiago, Pedro e Judas*. São Paulo: Paulinas, 1987, p. 85.

CARVALHO, H. et al. *Catequista:* Vocação, ministério e missão. São Paulo: Paulus, 2019.

CATTANEO, E. (Org.). *I ministeri nella chiesa Antica* – Testi patristici dei primi tre secoli. Milano: Paoline, 2012.

CNBB. *Catequese Renovada*: Orientações e conteúdo. São Paulo: Paulinas, 2010 [Documentos da CNBB, 26].

CNBB. *Catequistas para a catequese com adultos* – Processo formativo. Brasília: Edições CNBB, 2007 [Estudos da CNBB, 94].

CNBB. *Comunidade de Comunidades: uma nova paróquia* – A conversão pastoral da paróquia. Brasília: Edições CNBB, 2014 [Documento da CNBB 100].

CNBB. *Comunidade de comunidades: uma nova paróquia* – A conversão pastoral na paróquia. Brasília: Edições CNBB, 2014 [Documentos da CNBB, 100].

CNBB. *Diretório Nacional de Catequese*. Brasília: Edições CNBB, 2006 [Documentos da CNBB, 84].

CNBB. *Diretrizes da Ação Evangelizadora da Igreja no Brasil 2019-2023*. 109. Brasília: Edições CNBB, 2019 [Documentos da CNBB].

CNBB. *Discípulos e servidores da Palavra de Deus na missão da Igreja*. Brasília: Edições CNBB, 2012 [Documentos da CNBB, 97].

CNBB. Evangelização e Missão profética da Igreja, novos desafios. São Paulo: Paulinas, 2005 [Documento da CNBB, 80].

CNBB. *Formação de Catequistas* – Critérios pastorais. São Paulo: Paulus, 1990 [Estudos da CNBB, 59].

CNBB. *Iniciação à Vida Cristã* – Itinerário para formar discípulos missionários. Brasília: Edições CNBB, 2017 [Documentos da CNBB, 107].

CNBB. *Ministério de Catequista*. Brasília: Edições CNBB, 2007 [Estudos da CNBB, 95].

CNBB. *O itinerário da fé na iniciação cristã de adultos*. São Paulo: Paulus, 2001 [Estudos da CNBB, 82].

CNBB. *Ouvir e proclamar a Palavra: seguir Jesus no Caminho* – A catequese sob inspiração da *Dei Verbum*. São Paulo: Paulus, 2006 [Estudos da CNBB 91].

CNBB. *Ministério e celebração da Palavra*. Brasília: Edições CNBB, 2019 [Documentos da CNBB, 108].

COMISSÃO EPISCOPAL PARA A ANIMAÇÃO BÍBLICO-CATEQUÉTICA. *Critérios e itinerários para a instituição do Ministério de Catequista*. Brasília: Edições CNBB, 2021.

COMISSÃO EPISCOPAL PARA A ANIMAÇÃO BÍBLICO-CATEQUÉTICA. *Itinerário catequético: Iniciação à vida cristã* – Um processo de inspiração catecumenal. Brasília: Edições CNBB, 2015.

CONCÍLIO VATICANO II. Constituição Conciliar *Sacrosanctum Concilium* sobre a Sagrada Liturgia. In: *Documentos do Concílio Ecumênico Vaticano II (1962-1965)*. São Paulo: Paulus, 2004 [Documentos da Igreja].

CONCÍLIO VATICANO II. Constituição Dogmática *Lumen Gentium* sobre a Igreja. In: *Documentos do Concílio Ecumênico Vaticano II (1962-1965)*. São Paulo: Paulus, 2004 [Documentos da Igreja].

CONCÍLIO VATICANO II. Constituição Pastoral *Gaudium et Spes*. In: *Documentos do Concílio Eucmênico Vaticano II (1962-1965)*. São Paulo: Paulus, 2004 [Documentos da Igreja].

CONCÍLIO VATICANO II. Decreto *Ad Gentes* sobre a atividade missionária da Igreja. In: *Documentos do Concílio Ecumênico Vaticano II (1962-1965)*. São Paulo: Paulus, 2004 [Documentos da Igreja].

CONCÍLIO VATICANO II. Decreto *Apostolicam Actuositatem* sobre o apostolado dos leigos. In: *Documentos do Concílio Ecumênico Vaticano II* (1962-1965). São Paulo: Paulus, 2004 [Documentos da Igreja].

CONCÍLIO VATICANO II. Decreto *Christus Dominus* sobre o múnus pastoral dos bispos na Igreja. In: *Documentos do Concílio Ecumênico Vaticano II (1962-1965)*. São Paulo: Paulus, 2004 [Documentos da Igreja].

CONCÍLIO VATICANO II. Decreto *Presbyterorum Ordinis* sobre o ministério e a vida dos sacerdotes. In: *Documentos do Concílio Ecumênico Vaticano II (1962-1965)*. São Paulo: Paulus, 2004 [Documentos da Igreja].

CONFERÊNCIA GERAL DO EPISCOPADO LATINO-AMERICANO. *Documento de Aparecida* – Texto conclusivo da V Conferência Geral do Episcopado Latino-Americano e do Caribe, de 13-31 de maio de 2007. São Paulo: Paulus, 2008.

CONGAR, Y. Igreja serva e pobre. Lisboa: Editorial Logos, 1964.

CONGAR, Y. *Os leigos na Igreja:* Escalões para uma teologia do laicato. São Paulo: Herder, 1966.

CONGREGAÇÃO PARA O CLERO. *Diretório Catequético Geral.* Petrópolis: Vozes, 1971.

CONGREGAÇÃO PARA O CULTO DIVINO. *Ritual da iniciação cristã de adultos.* São Paulo: Paulus, 2003.

DELORME, J. et al. *El Ministerio e los Ministérios segun el Nuevo Testamento.* Madri: Ediciones Cristiandad, 1974.

ELIADE, M. *Muerte e Iniciaciones místicas.* La Plata: Terramar, 2008.

FLORISTÁN, C. Comunità. In: FLORISTÁN, C. & TAMAYO, J.J. (a cura di). *Concetti Fondamentali del Cristianesimo 1.* Roma: Borla, 1998.

FRANCISCO. C*arta Apostólica* Antiquum Ministerium *pelo qual se institui o Ministério de Catequista.* Brasília: Edições CNBB, 2021 [Documentos Pontifícios 48].

FRANCISCO. *Carta Encíclica* Lumen Fidei *do sumo pontífice Francisco* – Aos presbíteros, diáconos, pessoas consagradas e a todos os fiéis leigos. Brasília: Edições CNBB, 2013.

FRANCISCO. *Exortação Apostólica* Gaudete et Exsultate – Sobre o chamado à santidade no mundo atual. Brasília: Edições CNBB, 2018.

FRANCISCO. *Exortação Apostólica Pós-Sinodal* Evangelli Gaudium – Sobre o anúncio do Alegria do Evangelho no mundo atual. São Paulo: Paulinas, 2013.

FRANCISCO. *Lettera apostólica in forma di "Motu Proprio" Antiquum Ministerium.* Commento di FISICHELLA, R. & MILITELLO, C. Citta del Vaticano: LEV; Milano: Edizioni San Paolo, 2021.

JOÃO PAULO II. Exortação Apostólica *Catechesi Tradendae* sobre a catequese do nosso tempo.

JOÃO PAULO II. Exortação Apostólica pós-sinodal *Christifidelis Laici* sobre vocação e missão dos leigos na Igreja e no mundo.

MILITELLO, C. La riforma dei ministeri nel solco del concilo. In: PAPA FRANCISCO. *Lettera apostólica in forma di* "Motu Proprio" Antiquum Ministerium. Commento di FISICHELLA, R. & MILITELLO, C. Citta del Vaticano: LEV; Milano: Edizioni San Paolo, 2021.

ORMONDE, D. Catequese de Iniciação à Vida Cristã. In: *Revista de Liturgia*. São Paulo, ano 46, v. 273, mai./jun. 2019.

ORMONDE, D. Introdução gradativa à oração. In: *Revista de Liturgia*. São Paulo, ano 47, v. 277, jan./fev. 2020.

PAULO VI. Exortação Apostólica *Evangelii Nuntiandi* sobre a evangelização no mundo contemporâneo. São Paulo: Paulinas, 1976.

PHILIPON, M. A Santíssima Trindade e a Igreja. In: BARAÚNA, G. (ed.). *A Igreja do Vaticano II*. Petrópolis: Vozes, 1965.

PONTIFÍCIO CONSELHO PARA A PROMOÇÃO DA NOVA EVANGELIZAÇÃO. *Diretório para a Catequese*. Brasília: Edições CNBB, 2020.

PONTIFÍCIO CONSELHO PARA A PROMOÇÃO DA NOVA EVANGELIZAÇÃO. *Diretório para a Catequese*. São Paulo: Paulus, 2020.

RITUAL DA INICIAÇÃO CRISTÃ DE ADULTOS. São Paulo: Paulus, 2009.

RITUAL ROMANO. *Renovado por Decreto do Concílio Ecumênico Vaticano II, promulgado pelo Papa Paulo VI*. RITUAL DA INICIAÇÃO CRISTÃ DE ADULTOS. São Paulo: Paulus, 2009.

SUENENS, L.J. *Ricordi e speranze*. Milano, 1993. [Importante também, nesse mesmo sentido, SARTORI L. *La* "Lumen Gentium". Padova: *Traccia di studio,* 1994.]

TRADIÇÃO APOSTÓLICA. *Liturgia e catequese em Roma no século III*. Petrópolis: Vozes, 2004.

Conecte-se conosco:

 facebook.com/editoravozes

 @editoravozes

 @editora_vozes

 youtube.com/editoravozes

 +55 24 99267-9864

www.vozes.com.br

Conheça nossas lojas:
www.livrariavozes.com.br

Belo Horizonte – Brasília – Campinas – Cuiabá – Curitiba
Fortaleza – Juiz de Fora – Petrópolis – Recife – São Paulo

  Vozes de Bolso

EDITORA VOZES LTDA.
Rua Frei Luís, 100 – Centro – Cep 25689-900 – Petrópolis, RJ
Tel.: (24) 2233-9000 – E-mail: vendas@vozes.com.br